教師のための教育相談の技術

吉田圭吾・著

金子書房

——本書を父母に捧ぐ

まえがき

今教育現場が危ない。教師も日々の忙しさに疲れている。保護者も子育てに自信を失い、生活に四苦八苦している。子どもも日々を楽しく暮らしていない。そのような状況の中で、教師にとっても保護者にとっても、そして子どもにとっても一筋の光になるような本が書けないか、それが本書を書いた意図です。臨床心理学に携わる人間として、カウンセラーとして、カウンセリングマインドの教員研修などの講師を引き受ける中で感じたことは、教師の疲れ、休息や癒しがほしいという叫びです。カウンセリングマインドを積極的に取り入れたいという気持ちよりは、日々の仕事からくるストレスにいかに晒されているか、毎日が忙しく自分の教育相談のあり方を振り返る余裕もなく、走り続けざるを得ないという現状をわかってほしいという切実な思いが教師から伝わってきます。

また、受容・共感・傾聴を中心としたカウンセリング研修に対する不信感も感じました。教師は、自分の感じている悩みや疑問、不信感を理解してくれる存在を望んでいるのではないか、そのような起点から出発する教育相談の本が待たれているのではないかと感じていました。

その時に思い浮かんだのは、私事で申し訳ありませんが、自分の両親のことです。私の両親は、今は退職しましたが中学の英語の教師でした。子どもの頃は、両親が私を放っておいて、私以外の子どものことに必死になってかかわっていることに違和感と憤りを覚えていました。とくに父親から、自分がどうやって鉄拳で問題行動の多い生徒を立ち直らせたかという話を聞くと、それを息子の気持ちを無視した自慢話としてしか感じることができず、かといって喜んでいる父親に反発して不機嫌にする勇気も持てずに、悶々としていました。

そのような青年期を過ごし、できるだけ教師とは違う職業を考えて理学部に入学したのに、そこで待っていたのは理学部での挫折と臨床心理学との出会いでした。そして子どもたちや保護者とつながるために苦闘し、悩みながらふと考えると、両親のしている教育の仕事と同じようなことをしている自分に気づいたのです。しかし似ているからこそ、教育とカウンセリングの違いについても深く考えさせられました。実家に帰るたびに父親と教育談義に花を咲かせていたのを思い出します。

そして、父親や母親への反発心から教師に感じていた反発心が溶解し、両親への尊敬の気持ちが芽生え、教師の仕事に対する尊敬の念が沸き起こってきたのです。そのような個人的な体験からも、本書の発想が得られたことを否定しえません。私をこの世に儲けてくれた母親、教師とはこうあるべきだという精神を私に教えてくれた父親に心より感謝いたします。

本書を書くことができたのは、いろいろなことを教えてくれた私の出会った子どもたちであり、保護者の方々のおかげです。また、さまざまな教師向けの研修で出会った先生方や、スクールカウンセラーとして勤務した中学校で連携をした先生方から学んだことが基盤となって本書は完成しました。もちろん、私が大学院で臨床心理学研究室に飛び込んだ時におられた、河合隼雄先生、山中康裕先生、三好暁光先生、スーパーバイザーの岡田康伸先生、心理教育相談室の親面接担当の故一瀬正央先生、高橋紀子先生、途中から教官として来られた斉藤久美子先生、それ以降に出会った多くの先生、議論に付き合ってくれた同級生や諸先輩方のおかげでもあります。心より感謝いたします。

本書の事例は、今まで出会った子どもたちや保護者の方々との間でなされた会話そのものではなく、底に流れる思いはそのままに、実際の経験を基にいくつかの事例を結び合わせて私が作成した創作です。リアルな臨場感は浮き出るように工夫しましたが、具体的な人物を詳細に描写したものではないということをお断りしておきます。

最後に、金子書房および編集部の池内邦子さんには本当にお世話になりました。そもそも私の企画に賛同していただき、折に触れて励ましてもらったおかげで本書は完成したと思います。私の乱筆乱文を細かくチェックしてくださり、本当にありがとうございました。心より御礼申し上げます。

二〇〇七年三月　豊中桜の町にて

著者

もくじ

第1章　教師はあくまで教師である――教師がカウンセリングから学べること……2
第1節　教師向けのカウンセリングマインド研修　2
第2節　教師とカウンセラーは異なる職業である　4
第3節　教師とカウンセラーの目標の違い・子どもとのかかわり方の違い　9
第4節　カウンセリングにつきまとう誤解　14
第5節　好感が持てない時のかかわり――カウンセリングから学べること1　21
【事例1－1】　子どもに厳しく当たりすぎる母親　24
第6節　本音を引き出す――カウンセリングから学べること2　28
第2章　保護者・子どもとの面談の基本……32
第1節　保護者面談の極意　32
第2節　親＝教師＝子どもの三角関係　36
【事例2－1】　親と教師が聞き分けの悪い子で一致　36

【事例2－2】　教師の心配に取りあわない親　37
【事例2－3】　子どもも親も教師に反発　38
第3節　雑談の大切さ　40
【事例2－4】　そそくさと子どもを連れ帰る親　42
【事例2－5】　昔の本で元気を取り戻した母親　44
第4節　〈今ここで〉感じていることに共感する　45
第5節　教師への負の感情をしっかり受け止める　48
【事例2－6】　カウンセリングをやめたいと言い出したクライエント　49
第6節　過去の心の傷に共感する　51
【事例2－7】　一歳半検診でショックを受けた母親　52
【事例2－8】　スキンシップ不足を指摘された母親　54
第7節　相談後どういう気持ちで帰るか考える　56
【事例2－9】　葛藤を語った面接後、落ち込んでしまった男性　57
第3章　〈指導の悪循環〉から抜け出す技術……60
第1節　〈指導の悪循環〉と〈指導の良い循環〉　60
第2節　教師と子ども・保護者の個性・性格のくい違い　63
【事例3－1】　〝落ち着きのない子〟と上手くかかわれる先生　66
第3節　内向と外向という性格と相性　67

第4節　指導と共感のバランス感覚　72
【事例3－2】　毎日のように忘れ物をする子ども1　73
【事例3－3】　毎日のように忘れ物をする子ども2　74
第5節　指導における共感を用いたかかわり――不登校生徒の事例から　77
【事例3－4】　不登校女子生徒への初期対応　77
第6節　行動をすることと行動を起こしたい気持ちとの違い　86
【事例3－5】　たばこを吸いたいと挑発する中学生　88
第7節　かたくなな拒否や激しい怒りの裏に　91
【事例3－6】　担任と言葉をかわそうとしない、不登校児の保護者　91

第4章　教師のメンタルヘルスと教育相談の技法……97
第1節　疲れ・ストレスの解消と三つのR　97
第2節　簡単なリラクセーションの技法　99
第3節　うつを避けるためのリクリエーションとリフレッシュ　103
【事例4－1】　趣味のバンド練習でリフレッシュした教師　106
第4節　面接のセッティング　107
【事例4－2】　クライエントの座る位置　110
第5節　共感の技法　112
【事例4－3】　共感的な保護者－教師関係　112

【事例4－4】 共感的態度が欠如した親子の会話 113
【事例4－5】 ショックな気持ちを共有できた親子の会話 114
【事例4－6】 校則指導に反発する保護者1 117
【事例4－7】 校則指導に反発する保護者2 117
第6節 対決の技法 120
【事例4－8】 朝食を食べさせずに登園させる母親との面談 121
【事例4－9】 子どもの喧嘩から怒りがヒートアップした保護者 125

第5章 子どもの発達段階とつながり方 131

第1節 粘土と絵――子どもとつながる方法1 131
第2節 遊びと雑談――子どもとつながる方法2 135
第3節 症状・問題行動の持つ意味 138
第4節 幼児期の子どもの発達とつながり方 140
第5節 児童期の子どもの発達とつながり方 145
第6節 思春期の子どもの発達とつながり方 147
【事例5－1】 勧められて教育相談を受けに来たふたりの女子中学生 152
第7節 ひきこもりの子どもとつながる方法 154
【事例5－2】 グループから無視されて不登校になった女子中学生 156

第6章　発達障害のある子の理解とつながり方……160
第1節　障害のある子の就学をめぐる教師と保護者の対立　160
第2節　障害のある子を抱える保護者を支える　163
第3節　保護者の障害受容のむずかしさ　168
第4節　学習障害の子どもの理解とつながり方　174
【事例6－1】　書字の苦手な小学校二年生男児　176
第5節　自閉性障害の子どもの理解とつながり方　178
第6節　アスペルガー障害の子どもの理解とつながり方　181
【事例6－2】　ゲームで暴力的な空想にひたる中学生　182
第7節　注意欠陥／多動性障害の子どもの理解とつながり方　183
第8節　スクールカウンセラーとの連携　185
第7章　〈子育てのサポートネットワーク〉を考える……192
第1節　子育てはひとりでできるのか？　192
【事例7－1】　娘の育児にひとりで悩んでいる母親　193
第2節　夫によるサポート　198
第3節　親によるサポート　203
【事例7－2】　母に対して自分の気持ちを飲み込んでしまう娘　206

第4節　子育ての母親グループによるサポート　208
第5節　教師や専門家によるサポート　213

第8章　〈困った親〉の理解とつながり方……222

第1節　〈困った親〉がなぜ教師から見て努力不足に見えるのか　222
第2節　教師から見た〈困った親〉の諸相　224
第3節　〈困った親〉とのつながり方　228
第4節　教師自身が燃え尽きないために　232
第5節　保護者の立場から見る〈困った親〉　235
第6節　〈困った親〉を励ます存在になる　240
第7節　保護者を支える覚悟を決めよう　243
【事例8－1】　家庭訪問に拒否的な態度を示し続けた保護者　245
第8節　人として精一杯生きていることを認め合うために　247

参考・引用文献　253
あとがき　256

装　丁／長尾敦子

教師のための教育相談の技術

本書の鉄則一覧

《鉄則 1》	親面接では、目の前に座られている保護者が、これまでずっと最善手を取り続けてこられたのだということを肝に銘ずる。(p.32)
《鉄則 2》	保護者や子どもとの雑談や遊びをもっとも大切にする。(p.40)
《鉄則 3》	目の前にいる人が、今ここで感じていることに共感する。(p.46)
《鉄則 4》	どんな人でも必ず、過去に周囲の人の言葉に、心から傷ついた経験がある。その傷ついた経験を話してもらい、共感する。(p.51)
《鉄則 5》	帰り道に相談者がどういう気持ちで帰るかを考えて面談を終える。(p.56)
《鉄則 6》	子どもや保護者の主張が正当で妥当な言い分だと感じられなくても、言い分をすぐ否定したり、こちらの言い分を主張しようとせずに、その言い分に含まれる気持ちや思いに十分共感してみる。(p.116)
《鉄則 7》	相手に好感を持てない場合は、好感を持てない部分をすぐ指摘せずに、相手の好感の持てる部分をプラスに評価して、相手の言い分を受け入れる。(p.228)

第1章　教師はあくまで教師である

——教師がカウンセリングから学べること

第1節　教師向けのカウンセリングマインド研修

最近よく、教師向けのカウンセリングマインド研修が行われています。不登校児童・生徒や、俗に言うキレやすい子ども、悩みを抱える子ども、悩みを自分から言い出せないために教師が手を出しあぐねている子どもたちへの対応に、教師が日々悩み、苦しんでいることのあらわれだと思います。

しかしそのような研修を受けた教師が共通して持つ感想があります。カウンセリングについて「理解しにくい」とか「言いたいことはわかるけれど、とても自分にはできない」あるいは「理解はできるけれど同意できない」などです。

二時間のカウンセリングマインド研修の中で受容とか共感、傾聴などの概念に触れ、頭ではそれとなく理解できたとしても、どこか腑に落ちないままに研修が終わってしまうのです。その腑に落ちない気持ちを研修で講師にぶつけてみたらまだよいのですが、そのような研修に出た方ならわかるように、講演後の質問の時間がどれだけ気詰まりなことか。静まり返った部屋に司会者の「質問はありませんか?」という言葉が空しく響き渡るのです。

日本の社会では、人が大勢聞いている前で「あなたの話は腑に落ちない」というような意見や感想を述べるのは、とても抵抗があるのかもしれません。上司の命令で仕事として研修に参加している場合は、よっぽど講師の話に心打たれた時はともかく、ほとんどの先生方は早く自分の学校に帰って、やり遂げていない学校での仕事に戻りたいと思っているのではないでしょうか。

はたして、教師はカウンセラーになる必要があるのでしょうか? 不登校の子どもに対して教師はカウンセラーになるべきなのでしょうか? あるいは教師はカウンセラーになれるのでしょうか? どの質問に対しても否(NO!)と答えたほうがいいと思います。なれるはずがないと言ってもいいでしょう。少なくとも筆者はそう思います。

もちろん教師の中にも、教師よりカウンセラーになったほうがいいと思われる人もいます。そのような人は、教師でありながらもカウンセリングをできると思いますし、むしろ教師を辞めてカウンセラーになることを考えてもいいような先生もいます。それでも筆者は、教師はカウンセラーになる必要はないと言いたいのです。もっと強く言えば、教師はカウンセラーになってはいけないと、強弁したい気持ちになることすらあります。

その理由をこれからいくつか述べていきます。

筆者は、教師が、カウンセリングという学問から学ぶべきものは何もないと言いたいのではありません。教師が持つ教育理念や教育目標、また教師のキャラクター(性格)と矛盾しない形で、カウンセリングをヒントにして子どもとのかかわり方、保護者とのかかわり方を自分なりに洗練させていくことはできるし、意味があります。教師がカウンセリングから何を学べるかは、後の節で述べます。

第2節　教師とカウンセラーは異なる職業である

第一に、教師はカウンセラーと異なる職業であるということです。これはあまりに当たり前に思われるかもしれませんが、とても大切なことです。

もちろんカウンセリングマインドの研修は、教師という職業を持つ人に、カウンセリングのエッセンスを学んでもらい、教師としての仕事に活かしてもらうことを目的になされています。しかし、教師とカウンセラーが異なる職業であるということを意識しなければ、教師はカウンセラーという異なる職業の技術を無理やり押しつけられたように感じます。その結果、教師としての自分への配慮がないことに、知らず知らず不快感を感じてしまうのです。

教師やカウンセラーには、多様な志望動機でなっていると思いますが、ここでは一般化して話を進めます。

♣教師はどのように教師になるのか

教師は、教育学部などの教員養成課程で教師になるための勉強をして卒業し、採用試験に合格してなるのが一般的です。教育学、教育行政、教育制度、教育史、比較教育学、教授方法学、教育心理学などの教職科目と、国語、数学、社会、理科、英語、保健、技術、家庭、音楽などの教科科目の単位を取り、一カ月の教育実習を経験し、教師としての知識と教養、社会人としての常識などを学び、教師となるために教員採用試験の受験勉強をして、新任教師として各地域の学校に赴任していきます。なかでも教育実習は重要視され、教育実習期間中、実習生は学生としてではなくひとりの教師としての意識と態度で臨むように要求され、担当教員の指導の下に授業やホームルームを行い、生徒指導の一部も任されて、教師となるための指導を厳しく受けます。

教師を目指す学生は、自分自身のこれまでの教師とのかかわりの中で、自分の目標とする教師像を形成していることが多いでしょう。教師の息子・娘が教師となることもかなりあるように、目標とする教師のモデルが自分の両親という場合もあるでしょう。いずれにせよ、教師を志す学生の多くは、ある教師に励まされてある教科を好きになった、クラスに溶け込めるようになった、部活で活躍できた、生きる喜びを教えてもらったなど、自分も子どもによい影響を与えられるような教師になりたいという夢や希望を持つようになった元になる経験を持っています。人格の陶冶という言葉がありますが、教師が目指す教師像の中には、子どもの成績が伸びる、友人が増える、運動や音楽などのやりがいを持てる活動に打ち込める、将来の夢を持ちそれに向かって努力するなど、プラスの価値を子どもに与えることができる能力が必ず含まれているのです。

教師は、自分がかかわる児童・生徒が、自分と触れ合い、クラスや学校のみんなと触れ合うことで、前向きに生きていけるようになってほしいと心から思っています。そのために子どものためによかれと思うことを、考え抜いてしたいと望んでいるのです。教師は、子どもたちが幸せになってくれるのなら、どんな努力も労力もいとわないと感じています。自分の担当するクラスの子どもたちの顔が生き生きと輝き、それぞれが自分なりに勉強やその他の活動に取り組み、友だちとにこやかにおしゃべりしたり遊んだりしているのを見ているのが一番幸せなのです。

♣カウンセラーはどのようにカウンセラーになるのか

一方カウンセラーは、現在日本で社会的に認知されつつある臨床心理士で述べますと、まず学部の心理学の研究室で心理学全般（発達心理学、人格心理学、教育心理学、臨床心理学、認知心理学、障害児心理学、家族心理学等）を履修し、心理学検査法、心理学研究法などの授業で、心理統計や心理実験・調査計画法、心理検査の施行法などを実践的に会得します。学部を卒業してから臨床心理士を養成する大学院修士課程の指定校に進学し、さらなる心理学を集中的に学ぶ一方で、臨床心理実習や臨床査定演習などの授業で、心理評価の技術、心理面接の技術を実践的に学び、附属の心理相談室でベテランカウンセラーの指導（スーパービジョンと呼びます）の下で実際のカウンセリングを、お金を払って相談に来られた来談者に実施するのです。臨床心理士養成の大学院修士課程を修了した後に、教育相談室の相談員、病院の心理士、スクールカウンセラーなどの職を得ます。大学院終了後一年目あるいは二年目以降に、臨床心理士になるための試験を受けて合格すると、晴れて臨床心理士の資格を得ることができます。

カウンセラーを志望する学生は、程度の差はあれ、これまでの人生の中で、悩み苦しんできた経験があります。ここまでは教師志望の学生も同じです。心理学志望の学生の多くは、悩みを親にも教師にも友達にも深く打ち明けないのです。端的に言えば、カウンセラー志望の学生の多くは、教師に救ってもらえなかった人たちです。悩んでいるのは自分だけではないかといぶかり、誰も自分の苦しみを理解してくれない、誰も自分を苦しみから救い出してくれないと感じています。そうしているうちに心理学の本と出会い、自分の悩みと同じような悩みを抱えて苦しむ人の物語を読み、自分だけがそのような悩みを持っていると思っていたのは誤解で、かなり一般的な現象なのだと知って驚きと共に興味を引かれていくのだと思います。近年、文系学部のかなり多くの学生の最初の志望は、心理学だということです。そのことから考えても、現代に生きる子どもが人に言えない悩みに人知れず苦しんでいる様子がうかがい知れます。

このように、カウンセラー志望の学生は、人知れず密やかに悩んでいる心に関心があるのです。臨床心理学や人格心理学を学ぶことで、そんな悩みがどのように引き起こされるのか、その悩みには何か意味があるのか、どうしたらその悩みは解決されるのかということへの理解を深めていきます。そしていつか自分が、人に言えない悩みを自分だけで抱えている人に寄り添い、悩みに耳を傾け、その人が自分の問題を自分で解決できるように援助するようなカウンセラーになることを夢見るのです。

その意味でカウンセラーも前向きではあるのですが、悩みそのものへの関心から出発しているので、カウンセラーの関心は、勉強に集中できないこと、友達ができずに孤独であること、やりがいの持てることが見つからず空虚な気持ちでいること、前向きになれず後ろ向きにしか考えられないこと、生きることに意味を感じられず死にたいと思うことなど、心の動きそのものにあります。

☘教師とカウンセラーは別の役割を果たす存在

このように、教師とカウンセラーは、教育心理学などを共通に学んでいるということや人の悩みとその克服ということに関心があるという共通点を除けば、異なる経緯で異なる学問を学習し異なる実習を受けて異なる目標を持って仕事をする、まったく別の職業だといえましょう。教師がカウンセラーになれないのは、カウンセラーが教師になれないのと同様に、至極当然の事実であると思います。それぞれが異なる原体験から現在の職業に興味を持ち、異なる大学の研究室で勉学にいそしみ、異なる理想像を掲げて、異なる目標に向かって努力する、別の役割を果たす存在なのです。

最近、スクールカウンセラーが小学校や中学校・高等学校に入り教師と連携する機会が増えました。その連携がうまくいかないという声をよく聞きます。スクールカウンセラーが不慣れであるという理由もありますし、マスコミなどで指摘される学校の閉鎖性などの問題も背景にあるのかもしれませんが、実際に子どもや保護者とかかわる時のものの見方の違いや対処の根本的な差異が理由である場合も多いと思います。その差異がどこから生まれてくるのかは、それぞれ教師やカウンセラーを志望する人の原体験やその後の教育の違い、掲げる目標の違いに起因しているのかもしれません。教師に救ってもらえなかったカウンセラーは、どうしても教師を否定的に見てしまうでしょうし、教師もカウンセラーを味方には感じにくいと思います。この点については、第6章第8節で詳述します。

教師は自分の職業としてのプライドを、新任教師時代から長い時間をかけて作り上げてきました。先輩の教師から学び、同僚の教師に励まされ、子どもに苦労すると同時に励まされ、教師としてのあり方、基本的態度や姿勢、教育目標、子どもの評価基準、子どもとの接し方、保護者の協力の得方などを大切に育ててきたのです。それを不登校が増えたからといって、カウンセリングという技術で置き換えろと言われても、教師のプライドが許さないのです。教師は教師として子どもと向き合い、保護者と向き合い、身を粉にして教職に身を捧げたいというのが本音ではないでしょうか。

立場を逆にして、カウンセラーとして自分の能力の向上に努めているうちに、近未来に相談者の質が変わり、今までのカウンセリングで対処できなくなったとしたらどうでしょう。カウンセリング協会（仮称）から「これからはティーチングマインドを取り入れてカウンセリングをしなさい」と言われたら、きっと必死で抵抗して自分のクライエントとの接し方にこだわっていくでしょう。もちろん本当にそれを取り入れることで自分が成長するなら、躊躇することなく取り入れることもあると思います。

要するに、最終的に主体性は自分自身にあるのです。目の前の悩める人に自分が取れる最善手は何かという問題について、あらゆる手を尽くして取り組みます。それはあくまでも、自分の職業感覚に照らし合わせて行うのです。教師は教師として、カウンセラーはカウンセラーとして、今までの経験をもとに、自分の掲げる目標に向かって努力するのです。今までの経験が役に立たなければ、目の前の人と向き合って、自分のかかわり方を修正していきます。しかしどんな場合でも、今まで自分が精魂込めて作り上げてきた基本的な態度を無視し、自分とは相容れない態度を無理に取り込もうとしても、その人の大切なものを欠きながら人とかかわることになるでしょう。

第3節　教師とカウンセラーの目標の違い・子どもとのかかわり方の違い

教師がカウンセラーになれない第二の理由は、教師とカウンセラーが掲げる目標の違い、それによる子どもとのかかわり方の違いです。

♣教師の目標と子どもへのかかわり方

教師は自分なりの教育目標を持っています。それは理念的な教育目標だけではなく、こういう子どもになってほしい、子どもにはこう育ってほしい、こういう大人になってほしいという子どもへの願いも含みます。いやなことも自分から進んでできる子どもになってほしい、つらくても笑顔を絶やさないでほしい、友達とは分け隔てなく接してほしい、いつも元気な挨拶ができる子どもになってほしい、自分のベストを尽くして勉強にまじめに取り組んでほしいという、教師として本心から子どもに願う想いです。

また教師は、子どもに学力を伸ばしてほしいという切なる思いがあります。学校は学び舎とも呼ばれるように、勉強をする場です。生活に必要な基礎学力から進路に必要な教養や科目の専門的な知識に至るまで、すべての子どもが学習指導要領に則った一年一年の学力到達目標をクリアするための努力を、教師は惜しみません。教師が毎年の教材研究に費やす時間と労力には頭が下がります。日夜進歩する学問と、日々移り変わる子どもたちや保護者の特徴に合わせて、教師は毎日どのように教えたら子どもたちの理解が深まるのか考え続けているのです。

そのような目標を掲げているために、基本的に教師には、子どもたちを自分の教育目標に向かって導いていくリーダーとしての態度が要求されます。もちろん教師は、いろいろな性格やいろいろな発達段階の子どもがいることを理解しています。子ども一人ひとりが個性を持ち、子ども独自の感性を持っていることも知っています。その上で、いろいろな子どもの個性を認めながら、クラスのすべての子どもが自分の望む教育目標に到達できるように、クラス運営や個別指導を用いて子どもを導いていくかかわり方を身につけていきます。

クラスは三十人前後の子どもがいる集団です。教師と子どもの一対一の関係も重要ですが、個人を超えたクラスのまとまりを作るために、かなりのエネルギーを費やします。昨今の学級崩壊などクラス運営上の問題が多発しているのを目にすると、ますますクラス運営の重要さを再認識して努力している先生たちも多いでしょう。

♣カウンセラーの目標と子どもへのかかわり方

一方カウンセラーは、子どもや保護者が何らかの理由で人に言えない悩みや、自分ですら気づいていない心の悩みに耳を傾け、引き出し、それをふたりで共有したいというカウンセリングの目標を持っています。人は、自分の悩みが言葉にならなかったり、意識はしていても人に言うのが恐ろしく、あるいは恥ずかしくて悩みをひとりで抱えていることも多いのです。誰にも言えない秘密を抱えることの大切さ、そして必要な時にその秘密を本当に信頼できる人に打ち明け、共有してもらい、苦しみを軽くすることの大切さを、カウンセラーは知っているのです。

カウンセリングは、個人心理療法の場合、原則的に一対一で相談を受けることになります。教師のようにクラスの他の子どもの視線も意識したり、クラス全体をコントロールして集団を運営していく必要もありません。カウンセラーは、もっぱら子どもや保護者から一対一で相談を受け、その人の立場を十分に理解していくかかわり方を身につけていくのです。

恐らく、カウンセラーが自分の専門性を意識している重要な領域は、その語られる秘密が一般の社会生活の中で受け入れられにくい内容を含んでいる場合の対応です。一般に神経症性不安とか精神病性不安といった、心の病いに苦しんでいる人の心理の理解と対応です。教師でも、自分が恥ずかしいことをして、みんなにじろじろ見られていると感じている子どもの気持ちは理解できます。しかし、クラスを観察していて、とくにその子どものことをみんながじろじろ見ている事実がないと思われるのに、子どもが「みんなにじろじろ見られているようで怖い」と訴えると、それをどう扱ったらよいのかわからず教師自身が不安になる場合もあります。ましてや子どもが、「自分でも、みんながとくに自分をじろじろ見ていないらしいのはそれとなくわかっているんだけど、やっぱりクラスのみんなの視線を気持ちが感じてしまうので怖いんです」と言い始めると、理屈に合わない訴えに教師が混乱してしまうのです。カウンセラーは、そのような子どもの訴えを理解し、話を聴き続けるための研修を受けています。したがって、そういう神経症的な子どもの対応に自分の専門性を感じるのは当然なのです。

♣教師はカウンセラーになれない・なる必要はない

カウンセリングの技術は、中心に教育目標を持たず、クラス全体の運営を考えなくてもよい、カウンセラーのための技術だと言えます。したがって、技法の修正なしに、教師がカウンセリング技術を用いようとすると無理が生ずるのです。

一番の無理は、教師がカウンセリングを試みる場合、教育目標を子どもに押し付けないようにと、目の前にいる子どもに接して自然に思ったり、感じたり、考えたことを、心の中で押し殺そうとする時に生じます。

教師が行うカウンセリングのマイナス面を極端に描くと、次のようになります。

家庭訪問に行って不登校の子どもと話している時に、子どもが自分のことばかりを考えて相手の気持ちを配慮してないように思われました。教師は「この子はなんて自己中心的な子どもなのだろう！」と感じて、普段の自分ならその子どもに「もう少し人の気持ちを考えてみたら？」と説得したでしょう。しかし、これはカウンセリングだからと思い直し、「あなたの気持ちはそうなんだね」と受け答えしてしまいます。子どもはその言葉に、教師の身が入ってないことに気づき、深く傷つきます。しかし、ほとんどの子どもはその傷つきを教師に言葉で説明しません。教師は、自分がその子どもに伝えたい想いを言えずにがまんしているので、その場にいることがとてもつらくなります。でもカウンセリングなのだからと考え直して、決められた時間を子どもと過ごします。家庭訪問が終わって帰る時には、その場から逃れられたことに心のどこかではほっとすると共に、再訪問のことを思うと気が重くなるのを感じます。

教師がカウンセリングをしようとする時に、教師であることを一時的に弱めるか停止し、本や研修でなんとなく理解した程度で不十分なカウンセリングをすると、カウンセリングそのものも偽のカウンセリングになってしまいます。教師でもなく、カウンセラーでもなく、単なる偽カウンセラーになってしまう危険性があるからこそ、教師はカウンセリングを不用意にしてはならないのです。

繰り返しますが、教師は教師として、今までの教師生活で培った自分の感性を信じて行動することが、基本的に大切なのです。教師として子どもや保護者にかかわる時、自分がどのように励ましたり支えたり、叱咤激励すれば、子どもたちが自分の望む前向きな方向に変化してくれるかという問題設定は必ずあるはずです。その問題を解決するために、主体性を持っていろいろな学問や対人関係技術を参考にすることは十分ありえます。そのような技術の中にカウンセリングが含まれてもいいでしょう。しかし教師がカウンセラーになる必要はないのです。

本当にカウンセリングが必要と思われる子どもや保護者には、専門家であるカウンセラーを紹介して、そのカウンセラーと連携を取ることが重要です。神経症的な子どもや保護者の場合、教師が今まで教師として培った感性だけでは話し合いが進まなかったり、よかれと思ってしたことが逆に教師と子どもとのつながり、教師と保護者とのつながりを危険にさらしたりすることがあります。そのような時に問題を教師がひとりで抱え込むのではなく、適切な専門機関に紹介し、その専門機関と教師が十分に連携を取り合って、共に子どもや保護者を支えるネットワークを作ることが大事なのです。

問題を抱えた子どもや保護者ほど、多くの人の、いろいろな領域の支えを必要としています。ところが、複雑な問題を抱えている子どもや保護者ほど、教師やＰＴＡなどの他者とつながるのがむずかしいので、つぎつぎと支えを失い孤立していくケースがかなりあります。子どもや保護者を支える環境作りについては第7章で述べます。

第4節　カウンセリングにつきまとう誤解

教師がカウンセラーになれない最後の理由は、教師がカウンセリングをしようとすると、教師にとって一番大切な、本音で子どもと付き合い心をつなぐプロセスが、慣れないカウンセリング関係の中で失われる危険性があることです。

筆者は教師対象のカウンセリング研修会やカウンセラー養成講座の講師を多く務めています。そこで現場の先生方の意見を聞くと、多くの教師がカウンセリングについて大変な誤解をしていることがわかってきました。その中でも最も大きくて致命的な誤解を本節では説明しようと思います。この誤解が意外に多くの教師に浸透していることが、本書を執筆するひとつの大きな動機になりました。

研修で学んだカウンセリングをどう理解しているか先生方に尋ねると、多くの教師が、はっきりと答えられず戸惑いつつも、カウンセリングにおいて重要なことは受容と共感、それに傾聴だと答えます。多くのカウンセリングの教科書にもそのように書いてあります。これはクライエント中心療法の創始者ロジャーズの提唱した、カウンセラーに必要な三条件のことを言っているのですが、大事なことが抜け落ちていて、余計なものが入っています。

そのことについてはすぐ後に述べることにして、まず受容・共感・傾聴という言葉で教師が何を理解しているかを説明します。

♣受容・共感・傾聴

無条件の肯定的関心とも言われる受容は、来談者の話をすべて受け入れなければならないという意味に誤解されています。ある子どもが「友達が私にしつこくいろいろ言いがかりをつけてきてたまらないんです」と言うと、その気持ちをそのまま受け入れなければならないという意味に受け取り、教師は戸惑ってしまうのです。たとえば教師の心の中では次のような考えがよぎります。

クラスでの様子を見ていると、とくに周りの子どもたちがその子どもに言いがかりをつけているようには思えない。むしろその子が気にしすぎのような気がする。そういえばこの問題以外でもちょくちょく授業中の気になることをよく訴えに来る子どもだ。でもカウンセリングでは受容が大切なのだから、そのような教師の実感としての気持ちは置いておいて、「そうなんだね」と答えなければならないのだろう。どうも納得できないな。

ある教師は、カウンセリングマインドが大切なのだろうと、自分の中で生じた実感を押し殺して、本音とはかけ離れた言葉をその子どもに伝えるのです。

共感も同じような誤解を生じさせます。上記の生徒が「泣きたくてたまりません」と言うと、本音では「友達がちょっと言ってきたくらいでしょげてないで、もっと気持ちを強く持って気にしないようにしないとこの子はダメなのに」と思っていても、カウンセリングをしないといけない、共感しないといけないと思っている教師は、「泣きたい気持ちがわかるよ」と、思ってもいない言葉を子どもに伝えます。

傾聴という概念になると、ますます受身的に誤解し、頭を垂れて来談者の話をただひたすら聴くこと、耳を傾けることと理解し、カウンセリングマインドに基づいて子どもや保護者とかかわろうとすると、どのような反論や意見や説教も許されないように感じるのです。

受容も共感も傾聴も、教師にとっては、自分の教師としての性格やキャラクター、感性を押し殺して、相手の話すことを批判や反論することなしに、無批判にただただ受け入れ、気持ちをわかり、話に受身的に耳を傾けることを示す概念になっています。

☘カウンセラーに必要な条件——真実さ・受容・共感

ここで正解を述べておくと、実はカウンセラーに必要な三条件としてロジャーズが提唱したのは、〈真実さ〉〈受容〉〈共感〉なのです。ロジャーズ自身、〈真実さ〉こそがカウンセリングの中で一番大切なカウンセラーの要素であると述べています。その一番大切な要素が、カウンセリングの教科書の中であまり説明されていないし、カウンセリング研修でも強調されないということが問題なのです。

傾聴という概念は、ロジャーズのactive listeningの邦訳です。カウンセリングには、必要とされる六条件がありますが、それだけでカウンセリングを行うと、多くのカウンセラーが受身的に話を聴きつづけるだけの腰の引けた態度になってしまう傾向があります。ロジャーズは、カウンセラーは受身的ではいけない、カウンセリングでは人の話を聴くということを積極的になさなければならないと強調するために、積極的にかかわりながら話を聴くという意味でactive listeningという用語を用いたのです。日本語の傾聴とはまったくことなる概念であると考えたほうがよさそうです。

〈真実さ〉とは、純粋性、自己一致とも表現される概念で、カウンセラーが自分の感じている感情や思い、考えについてリアルであること、生き生きと感情を生きること、ありのままの、真実の感情・考えを心に留めていること、心の底からの本音や本心を大切にすること、そして必要ならそれを来談者に伝えることを意味します。自分の感情を偽って押し殺し受容や共感の振りをすることは、もっともカウンセリングらしくない態度といえるのです。中途半端にカウンセリングをすることは、教師として子どもや保護者と本音でかかわれないばかりでなく、カウンセラーとしても十分かかわれないことになるのです。

☘ロジャーズのカウンセリング六条件

ここでロジャーズが述べた、カウンセリングで来談者が人格変容を起こす六つの必要十分条件を振り返ってみましょう。

最初の条件は、ふたりの人間、カウンセラーとクライエント（来談者）が心理的に接触していることです。ふたりの人間が心を通わせていなければ、ひとりが自分を変えていこうとするのはむずかしくなります。

第二の条件は、クライエントは自己一致していないということです。これはロジャーズの考えですが、人が苦しむのは自分自身の真実の感情・思い・考えに自分で触れていないから、リアルに実感を持って生きていないからだということです。

第三の条件がカウンセラーの〈真実さ〉です。カウンセラーはリアルに自分自身の体験を、五臓六腑から実感を持って受け止めることができるということです。よく考えると、これはとてもむずかしいことです。

第四の条件がカウンセラーの〈受容〉、無条件の肯定的関心です。カウンセラーがクライエントを受け入れ、好感を持ち、好きになることです。そしてこれはひとつひとつの話を受け入れるということだけではなく、人として好感を持つというクライエントの人格全体を含む概念です。第三条件と合わせると、その受容、好感はリアルで本心からのものでなくてはなりません。

第五の条件は、カウンセラーはクライエントを共感的に理解しようと努めるということです。これはよく誤解されていますが、同情とはまったく異なります。カウンセラーは、もっぱらクライエントの立場からものごとを見る人だということです。カウンセラー側からクライエントを見て評価するのではありません。あたかも自分がクライエントその人であるかのように、その人の視点からその人の世界を見ることができるようになった時、人に好感を持てるようになっているということです。この条件にはロジャーズの人間観が現れています。外から見ると好感を持てない人でも、その人の立場からものごとを見続ければ、必ずその人の特別な事情や背景などが理解されていくので、一見理解できないその人の行動や感情や態度の意味が理解され、単純に否定できなくなるのです。

第六条件は、受容と共感がある程度クライエントに伝わっているということです。いくらカウンセラーがクライエントに好感を持ち、クライエントの立場からものごとを見ているつもりになっていても、クライエント自身が、自分はカウンセラーに好感を持たれている、自分の気持ちや考え、思いをカウンセラーにわかってもらっている、理解してもらっていると感じなければ、クライエントは自分を変えていこうとする勇気が持てません。大切なことは、決定権はクライエントにあるということ、カウンセラーは謙虚であることが必要です。

♣クライエントへのリアルな好感の気持ちを育てていく

ロジャーズの六条件は、まずカウンセラーがありのままの真実でリアルな自分を大切にして、できるだけ本心からクライエントとかかわることが一番大事ということを述べているのです。ただ、率直であればいいからといって、好感を持てないクライエントに対して、「僕はあなたに好感を持てない」と伝えるだけでは、その気持ちは真実ではあっても、ふたりの関係を壊してしまう場合もあるでしょう。そこに好感の重要性があります。好感を持っていないのに表面だけ好感を持っている振りをするだけなら、むしろ好感を持っていないことをクライエントに伝えるほうがクライエントには好ましい場合もあるでしょう。少なくとも、カウンセラーが誠実に自分に接したことはわかってもらえますから。カウンセリングにおいては、そのくらい〈真実さ〉が大事だということを頭に入れておいてください。

カウンセラーがクライエントに真実に好感を持っている場合は、自然にその好感はクライエントに伝わり、お互い好感を持ち合いながら話し合いを進めていけますし、共感的に理解もしやすいでしょう。お互い好感を持ち合っている場合は、かなり率直に気持ちを伝え合っても関係は壊れませんし、話を深めていきやすいものです。

カウンセリングで一番問題となるのは、カウンセラーがクライエントにリアルに好感を持てないでいる時です。クライエントに対して好感が持ちにくい時に、クライエントに好感を持てるように話し合いを進めていく力が、カウンセラーの包容力や能力だと思います。〈真実さ〉に照らして、クライエントに〈好感〉を持ちにくいという事態において、〈共感〉が必要になるのです。クライエントに〈好感〉を持てないということは、換言すれば〈共感〉できていない、クライエントの立場にしっかりと立っていない、クライエントの人生や生活の特別な事情や背景、言い分をしっかりと理解していないということです。ですから、クライエントに〈好感〉を持ちにくい場合は、なるべくクライエントの視点からものごとを見ようと努力することが必要になります。

クライエントの視点からものごとを見るということは、クライエントがカウンセラーにこう理解してほしいと思っていることをありのままに理解することです。どんなに〈好感〉を持てないクライエントに対しても、〈好感〉を持てる部分と持てない部分があります。その比率は、プラスが八〇％でマイナスが二〇％のクライエントもいれば、最初はプラスが二〇％でマイナスが八〇％のクライエントもいると思います。人は、多い比率のほうでかかわってしまう本性があります。〈好感〉を持てる相手に対しては、〈好感〉を持てる部分でにこやかに相手とかかわる一方で、〈好感〉を持てない相手に対しては、〈好感〉を持てない部分で不機嫌にかかわってしまう怖れがあります。

〈共感〉をしようと思ったら、その人間の本性に逆らって、〈好感〉を持てない人と、〈好感〉を持てる部分でかかわるとよいのです。問題を抱えている人ほど、周囲の人々に〈好感〉を持たれていないことが多いと思います。自分に〈好感〉を抱いてくれる人にこそ、人は心を許そうと思うのです。本音や本心を出しても自分を好きなままでいてくれる、この信頼がなければどんな本心も思い切って人に告白することはできません。ゆっくりと確実にクライエントへのリアルな〈好感〉の気持ちを育てていくことこそが、カウンセリングマインドだということができるでしょう。

♣カウンセラーの「なるほど！体験」

クライエントに〈好感〉を持てる部分でかかわっていくと、クライエントが徐々に本音を出してくれるようになります。クライエントが今まで隠していた本心を話してくれて初めて、クライエントの特別な事情や背景、言い分がわかります。「なるほど、そういうことか！」と新しい見方でクライエントを見ることができ、自然にクライエントへの〈好感〉が高まります。カウンセリングでは、このような良いサイクルが生じるかどうかが大事なのです。このような、初めてクライエントの本音に接して感銘を受ける体験を、カウンセラーの「なるほど！体験」と名づけておきます。

「なるほど！体験」が生じた時は、クライエントも「今まで言えなかったけど私はそんな気持ちなのです。カウンセラーに気持ちがわかってもらえました」という気持ちを同時に並行して体験しています。すなわちクライエントも、カウンセラーに〈好感〉を持たれていると感じ、〈共感〉されていると感じます。その時点でカウンセリングの六条件がすべて揃うのです。

第5節　好感が持てない時のかかわり――カウンセリングから学べること1

教師はカウンセラーにはなれないという今までの話と矛盾するかもしれませんが、教師がカウンセリングの技術から学べることはあります。ロジャーズはカウンセリングの六条件を述べる際、カウンセラーの部分を一方の人、クライエントの部分を他方の人と記載しています。それはカウンセラー－クライエント関係においてだけではなく、人格変容が起こるどのような人間関係においてもこの六条件が働いていると考えていたからです。

しかしここまで見てきたように、〈受容〉と〈共感〉のみから話を進めるなら、教師－子ども・保護者関係を含む多様な人間関係に応用することはむずかしいでしょう。〈真実さ〉から話を始めた時に初めて、それぞれの職業の人がその仕事の中で培ってきた自分の能力、人格の持ち味・キャラクターを活かすことができるのです。〈真実さ〉がもっとも大事だということがわかって初めて、「相手に人格変容を期待するためには、まず教師自身が教師として自分の本音で、ありのままの自分で子どもや保護者とかかわることが大事だ」という出発点に立てるのです。

教師が子どもや保護者に心から〈真実の好感〉を持っている場合は、自ずからカウンセリングの条件が満たされるので、今までの子どもたちとのかかわり方で子どもたちは十分変わっていきます。〈好感〉は真実のものであれば、相手も自分に好感を持ってくれる可能性は高まりますし、自然に相手も自分にいろんな話を打ち明けてくれるでしょうし、好感を持っている相手の立場からものごとを見るのは比較的容易になります。

♣好感が持ちにくい子ども・保護者へのかかわり

教師も人間ですから、どうしても好感を持ちにくい子どもあるいは保護者もいるでしょう。その時、カウンセリングマインドが役に立ってくるのです。

教師が担任しているクラスには三十人前後の子どもたちがいて、それぞれに保護者がいます。そのなかで、正直なところ好感が持てない特徴を持った子ども、あるいは保護者を、教師は思い浮かべることができます。もちろん教師としてすべての子どもを平等に扱いたいと思っていますし、できるだけ子どもの立場、保護者の立場に立って子ども・保護者を理解しようと努力しています。かかわっているうちに、その子のいいところや長所を発見して見直すことができる場合もあります。しかし教師も個性を持っているので、自分の個性と相性の悪い個性を持っている子どもや保護者には苦手意識が生じやすいでしょう。時間や規則をきちんと守る教師にとって、それを守らない子どもや保護者は教師をイライラさせるでしょう。親子のつながりを大切にする教師は、子育てを放棄しているように見える保護者に反感を覚えるでしょう。とくに、子どもが規則を守らなかったり、保護者が子育てを放棄しているように見える理由がわからない時は、無自覚に苦手意識を深めてしまいます。

一方が苦手意識を持っていると、他方も同じような苦手意識を持っているものです。そのことに無自覚でいると、知らず知らずのうちにその相手と会う時の表情はどこかこわばり、口調も少し厳しいものになります。それが、相手にとっても自分は好感を持たれていない、嫌われているという不快感を引き起こし、ますます教師に対して自分の心を開かない、自分の本心を教師には打ち明けない原因を作り出していきます。

♣苦手意識の悪循環を断つには

このような悪循環をどのように断てばいいのでしょうか。そのためには、一見相手の欠点に見える特徴に、相手独自の背景があるのではないかと推測し、先入観を持たないようにして、できるだけ相手の立場に立ってものごとを見るようにします。その欠点の背景を話してもらうだけの信頼感を形成し、背景や言い分を聞いて「なるほど！体験」をするのです。そして、相手がそのような欠点を持つようになった事情を理解し、欠点が現れてしまうのも仕方のないことであるし、相手自身は精一杯生きているのだなと、相手への〈好感〉を少しずつ高めることが大事なのです。「なるほど！体験」を教師がすれば、相手の子どもや保護者も、教師に気持ちや想いをわかってもらったという貴重な体験を並行して持つことができますし、お互い〈好感〉を持ち合えるようになるのです（図1－1）。

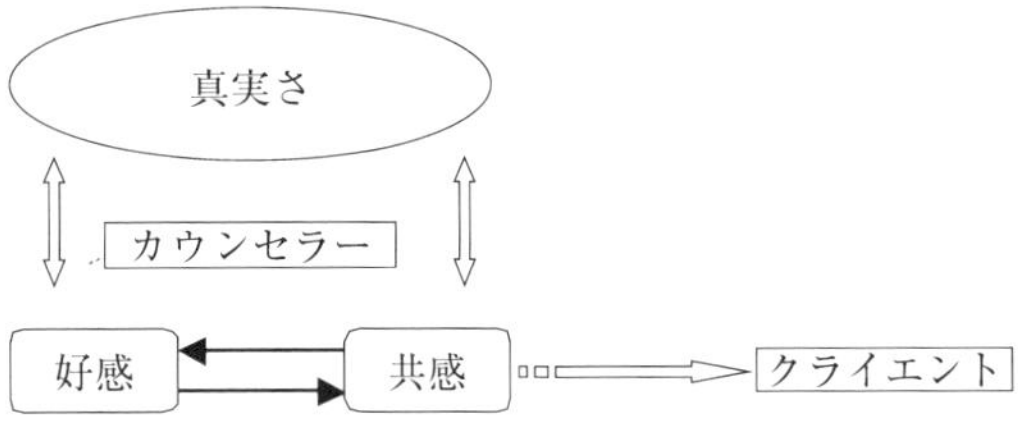

図1－1　カウンセリングの基本原理

人が自分を変えていこうと思ったら、自分の味方が必要です。その味方は、何でも自分の言い分を認めてくれる人という意味の味方ではなく、ものごとをできるだけ自分の立場で見ようとし、本心から誠実に接し、本当に自分の立場に立てない部分は正直にそれを認めてくれる人なのです。ちゃんと自分と向き合ってくれて、自分が変わっていける可能性を信じて、自分の立場を理解しようとしてくれる人なのです。

ここで事例を取り上げましょう。

【事例1－1】　子どもに厳しく当たりすぎる母親

中学二年生の男子Aの担任が教育相談室を訪れた。担任の話では、Aは中学一年生の途中から非行が始まり、喫煙、深夜徘徊、万引き、遅刻、無断欠席、無断外泊、シンナーと悪化の一途をたどり大変だった。二年生の五月ごろまでには担任の努力でシンナーと無断外泊はなくなり、学校も遅刻しながらも来られるようになってきて十分な進歩を遂げたと、担任はAに感心していた。それで母親を呼んで、Aがどれだけ立ち直ったかを説明しAを誉めてあげるように話した。ところが母親はその話に聞く耳を持たず、「Aは今見かけだけ変わったけど、性根は腐っていて、そのうち化けの皮もはがれるし、どうせろくでもない大人になるに決まってるんだから、先生、Aを放っておいてください！」とまくしたてるだけであった。親子の親睦会でもちょっとしたことで母親はAを罵倒し、殴る蹴るの暴力を振るい、周囲の保護者や生徒も思わず引いてしまうほどであった。担任も、これまで二度の面談では母親の考えを変えることができなかった。そのような母親の態度を見て、このままではAがまた非行動を再開するのではないかと心配し、筆者のもとを訪れた。

筆者は、とりあえず母親と会ってみるということで面接を設定した。母親は恰幅のいい迫力のある人で、経緯からわかるように、筆者と会うことをいぶかり、かなり緊張してこわばった顔で面接室を訪れた。座ってすぐに母親は、熱を込めて自分がいかにしてAをちゃんと育ててきたのかについて説明した。あたかも筆者に口を挟む余裕を与えないかのようであった。要約すると以下のようになる。

Aが小学校低学年の時に両親は離婚し、Aは三歳年上の兄とともに母親に引き取られた。母親は、人並みの生活を子どもたちに与えるために必死で仕事をした。女性の職場で陰口やいじめに苦しみながらも必死に耐えて仕事を続けた。また片方の親しかいないから子どもの躾ができていないと世間に思われないように、ふたりをかなり厳しく育て、善いことと悪いことの区別をしっかりと身につけさせた。母親としてはしっかりと育ててきたのだから、子どもが悪いことをするのは子ども自身の責任である。

筆者の母親に対する第一印象は、好感を持ちにくい部分として、かなり迫力があるということと、ちょっとした不用意に聞こえる発言で叱られそうで怖いということ、筆者と心を開いて話そうという気持ちのない防衛的な態度だった。一方、好感を持てる部分として、離婚後母親がひとりで必死に働きながら家族を養い、子どもを躾けてきたという努力への敬意、職場の女性の人間関係に苦しみながらも仕事をやめなかった忍耐の裏にある子どもへの強い愛情である。担任の頑張りがあったとはいえ、Aがおよそ二カ月で立ち直れたのは、母親が厳しくしっかりと躾けてきた結果、Aの背筋が基本的にはまっすぐ伸びており、Aが基本的に善悪を理解している子どもに育っているということである。

そこで、筆者は、〈共感〉のために、母親の〈好感〉を持てる部分について母親に言葉で伝えた。するとと母親は、理解してもらえたことで少し緊張やこだわりが緩んだ様子が見られた。

その時点で五〇分取ってあった時間は残り一五分になっていたので、ここから母親の理屈に合わないAへの厳しさの話題にもっていくと母親の信頼感を失いかねないと判断し、母親の来談をねぎらい、今日はこれで終わりだと告げて、また一度ぜひ会いたい旨だけ伝えた。すると母親は一瞬「もう終わりなのか？」という怪訝な表情をしてから、体の力が抜けてリラックスしたようだった。しばらく天候などの雑談をしてから、おもむろに以下のようなことを話し始めた。

「実は先生、私がAに厳しく当たってしまうのにも、あまり人に言えない理由があるんです。Aと三歳年上の兄は男なので、思春期に入って顔も声も別れた夫そっくりになってきたんです。でもまだ兄のほうは性格が父親とは正反対だったのでとても助かったんですけど、Aのほうは性格まで父親にそっくりでね」

中年の父親と、性格形成途上のAの性格が似ているとは考えにくい。筆者が、どういう性格が父親に似ているのかと尋ねると、「私の言うことを聞かないこと」と「家に寄りつかないこと」と答えた。筆者は、それはふたりの性格が似ているということではなくて、離婚間近の夫の行動傾向と、思春期を迎えた息子の行動傾向がたまたま重なってしまっただけだということにすぐ気づいた。母親はAを叱る時、離婚前に自分の気持ちを無視し逆らってばかりで、家に寄り付かなくなった憎き夫の姿をAに重ねて見ていたのである。この母親は、離婚後経済的な問題と躾の問題に明け暮れ、離婚の心の傷が癒えていないのだと察することができた。筆者はその点に少し触れ、「お話を聴いていてとてもせつない気持ちになりました」と最後に伝えた。

母親はその後もAをよく叱っていたが、その叱り方は厳しさが少し弱まったようで、Aは秋の体育大会で好成績をあげて自信を深め、二年後に無事卒業していった。

♣「なるほど！体験」でリアルな好感の気持ちを持つ

筆者は、最後の話を聴くまでは母親に好感をしっかり持つには至っていませんでした。しかし、離婚後子どものために必死で生きてきた母親に間違いはなかったと思いました。その副産物として、離婚の傷が癒えずいまだ憎い夫と重ねてA君に厳しく当たってしまう母親に対しては、とてもせつないと感じました。し、そのことをうっすらとほのめかす母親にとても〈好感〉が持てると、本心から思うことができました。

十分な〈好感〉を持てない状態、その背景がまだ見えない状態だった筆者は、母親の話を聴き、「なるほど、そういうわけで息子に厳しく当たってしまっていたのだな」という「なるほど！体験」をすることで、実感を伴って母親の立場からものごとを見ることに成功し、本心から母親への好感度がアップしました。母親も、人に言えず自分の心に収めていた話を思い切って話し、筆者に受け止めてわかってもらえたと感じ、筆者の〈好感〉と〈共感〉はある程度母親に伝わったように思われます。このようなふたりの経験が、カウンセリングの一番基本的な要素なのです。

教師がカウンセリングマインドで子どもや保護者に接する時、この基本的なサイクルを念頭においてかかわることが大切です。クラス運営や子ども一人ひとりとのかかわりのほとんどの場合は、教師は教師として子どもや保護者に接するのが一番いいでしょう。教師として自分が培った能力と態度を活かして、子どもや保護者によかれと思うことを必死で考えて、真実の言葉を伝えていけばいいのです。ただ、お互いの相性が合いにくいとか子どもや保護者が悩みや苦しみを抱えているなど、お互い〈好感〉を持ちにくい時には、普段の自分のかかわり方から一歩離れて、普段より少しだけ相手の立場に立とうとしてみるのです。そのことで人間関係の困難を乗り越える道が見えてくるかもしれません。

第6節　本音を引き出す――カウンセリングから学べること2

本章の最初に、教師はカウンセラーになってはいけないと述べました。前節では、相手に好感を持てない場合は、カウンセリングの技術を取り入れることがあってもいいのではないかと述べました。矛盾しているように思えますが、筆者の本心です。

神経症的な子どもや発達障害を抱えた子どもの対応には、より専門性が必要となりますので、カウンセリングはスクールカウンセラーや教育相談員などの専門家に任せたほうがよいでしょう。そして、教師は教師として子どもとかかわるのです。神経症的な子どもや発達障害を抱えた子どもも、ある部分では、普通の子どもとして扱ってほしいという切なる願いがあります。カウンセラーには自分の悩みや苦しみをぶつけて、友達や教師にはできるだけ普通に見てほしいものです。その役割分担を、教師とカウンセラーが上手に連携を取りながらしていけば、必ずや子どもにプラスの効果が期待できるでしょう。

普通にかかわると言っても、特別の配慮が必要な場合もあるかもしれません。不安ならばスクールカウンセラーや教育相談員に相談してみるのもひとつの手です。その場合にも、教師とカウンセラーとの相性もありますから、ひとりに聞いただけでは不安が解消されない場合は、セカンドオピニオンとして、別のカウンセラーに相談してみてもいいでしょう。最終的には、教師が本心で真実に納得したことを子どもや保護者にすることが一番大事なのです。

♣不満や怒りを引き出し、受け止める

最後に、教師が取り入れてもいいカウンセリングマインドをひとつお話して本章を閉じます。それは教師が、子どもや保護者の自分に対する不満や怒りをしっかり引き出し、受け止めることの重要さです。

お互いの信頼関係を損なうのは、一方が他方に不満や怒りを抱いているかどうかではなく、それを相手に伝えることができるかできないかによるのです。カウンセリングではそれが重要なプロセスになります。不満や怒りは人間関係においては、日常から陰に陽に生じています。自分の思いが相手にうまく伝わらない時に感じる不満、自分の期待に相手が応えてくれなかったり背いたりした時に感じる怒り、そのような気持ちを相手に訴え、それを受け止めてもらえた時に相手への信頼は深まるのです。

カウンセリングの場合は、とくに初期の信頼関係形成の時期にこの問題が生じやすくなります。クライエントは、カウンセリングに自分なりの期待を持って心理相談室の門を叩きます。自分の悩みを数回話すと、カウンセラーがいいアドバイスをくれて問題は解決されるのではないかという期待もそのひとつでしょう。そしてほとんどの場合、その期待は多かれ少なかれくじかれ裏切られるのです。

その時にクライエントが、その不満や怒りをカウンセラーにぶつけることができれば、それをきっかけに話し合いの中で信頼関係を作っていくことができます。ところが、不満や怒りを、クライエントがなんらかの理由でカウンセラーに言えない場合がむずかしいのです。クライエントは、不満や怒りを抱えてカウンセリングを受けつづけるのがしんどくなったり、つらくなったりします。すると、自然にカウンセリングに対してモチベーションが低下します。具体的には遅刻が増えたり、ちょっとした用事でカウンセリングを休んだり、カウンセリングに来てもあまり話すことがなかったり、逆に気持ちのこもらない話ばか

りを早口でまくしたてる場合もあります。

そのような時には、カウンセラーのほうから、「これまでカウンセリングに通ってきて、何か不満を感じたり、不快な思いをしたことがありますか？　正直に言ってくださってけっこうですよ。すべて心で受け止めますから」と口火を切って、不満や怒りを言いやすい雰囲気を作ることもあります。大学院で初心の若いカウンセラーが保護者面接をする時、いつも大学院生に指導するのが、クライエントの不満や怒りをしっかりと受け止めるのが保護者面接のとても大切な部分だという点です。

最近教育相談研修でよく出会うのが、教師と保護者との連携の失敗で、保護者が担任批判や学校批判をし始めて、子どもが間に挟まれてつらい思いをしているケースです。とくにこじれるのは、保護者は保護者で一方的に担任や学校を批判し、担任や学校は自分たちの事情を保護者に何とかわかってもらおうとして、受け入れない保護者に対してさらに強い態度で学校側の主張を通そうとして、関係が悪循環を起こし、両者の喧嘩のようになってしまう場合です。

その場合、担任や学校が自分たちの立場をわかってもらおうとする発言を最初は極力控え、徹底的に時間を取って、保護者の言い分を保護者が納得するまで聴くことが重要でしょう。自分への批判に耳を傾けつづけるのは、批判に納得をしていなかったり、不当な批判だと感じる場合にはむずかしいのです。でも、そのような不満や怒りをしっかりと受け止めると、その後保護者との信頼関係が少しずつ作られていきます。

自分に対する批判や怒りも、それが子どもや保護者の本心であるかぎり、「言いにくいことをよく言ってくださいました。今後とも話し合いを重ねて、子どもにとって最善のことを一緒に考えていきたいと思います。よろしくご指導ください」と、とりあえず教師が相手の気持ちを預かることが大切です。

不満や怒りをぶつけられると自己防衛本能が働き、自分の言い分を必死でわかってもらおうとしてしまうものですが、その気持ちをちょっとばかり抑えて、信頼関係を作ることに意識を集中していくのも有効な手段なのです。

☘教師の能力を高める技術

教師は日常全般にわたって子どもや保護者への対応に追われる大変な職業です。だからこそその専門性が持つ誇りを大切にしていかなければなりません。しかし一方で、使えるものは何でも使うような柔軟性、人としての幅を広げることも教師の能力を高めるでしょう。

教師とカウンセラーは異なる技術を持つ、違う職業の人なのだということを十分に理解しつつ、お互いの持ち味を活かしあって、意味のある連携をしていくことが大切です。その連携の中で、しっかりと役割を分担したり、お互いの技術を盗み合って、それぞれが子どもや保護者とかかわる能力を高めあえる関係を持てれば、子どもにとって、保護者にとって利益になります。そのような連携のあり方を考えていくことは、とても大事なことなのです。

第2章　保護者・子どもとの面談の基本

第1節　保護者面談の極意

筆者が大学院で勉強している時、附属の心理教育相談室の親担当相談員に一瀬正央先生という、元教師の年配のカウンセラーがいました。ある時、私たち若手のカウンセラーのために親面接において大切なことを話してくださいとお願いしたら、快くお受けくださいました。その時の話を詳しくは憶えていませんが、強烈に筆者の心を打ったのが次の一言です。

親面接では、目の前に座られている保護者が、これまでずっと最善手を取り続けてこられたのだということを肝に銘じなさい。――《鉄則1》

この言葉を聞いて、当時の筆者はとても納得できませんでした。なぜなら筆者は、まず子どもの立場に立っていたからです。二十代の青年期の筆者は、息子の立場から見て、自分の母親や父親が最善手を打ち続けているということを受け入れられませんでした。自分の気持ちなどほとんどわかってくれない上に、虫の居所でヒステリックに怒鳴り散らす親が最善手を打っているという話に、とても受け入れられない気持ち、違和感や疑問が溢れてきたのです。

♣子どもの視点・親の視点

子どもの立場から見れば、自分の親が理想どおりで百点満点ということは、ほぼありえないことでしょう。もっとこうしてほしい、ああしてほしい、他の家のお母さんはこんなことをしてくれる、他の家のお父さんはこんなことをしてくれる、そういうことで子どもの頭はいっぱいです。自分が失敗したり悪いことをしても親に怒らないでほしい、おやつを好きなだけ食べさせてほしい、毎日夜更かしさせてほしい、おもちゃを好きなだけ買ってほしい、子どもの要求は限りがありません。親はもちろん子どものすべての要求に応えることはできませんし、応える必要もありません。

一瀬先生の鉄則はそういうことを言いたいのではなさそうです。筆者は当時、一瀬先生の言葉の意味を理解することはできませんでした。子どもの立場から見て、親への欲求不満や怒り、恨みの気持ちに満ちていたのだと思います。そういう筆者が親面接を担当すると、母親が、つぎつぎと遅刻や無断キャンセルをするようになり、面接は中断していきました。筆者は若くて、どうしても子どもの立場に立ちやすかったのでしょう。親からすると、子どもの立場に立ちすぎたカウンセラーは、自分の親としての欠点ばかりを見せつけられ、好感を持たれていないように感じて、居心地が悪かったのではないでしょうか。もちろん親としても、自分の大切な子どもの立場に立ってくれるのは嬉しいことではあるのですが、それ以上に、親としての自分の立場にしっかり立ってくれるカウンセラーを必要としているのです。

親の心子知らず、子の心親知らずと言いますが、有史以来、親の心と子の心はすれ違いを繰り返していると言っても過言ではありません。誤解とすれ違いを繰り返しながら、一瞬交差してわかり合い、また離れていくということを繰り返しているのです。親子間の葛藤を描く小説や映画は多いですよね。親の視点に立った映画や小説なら、次のような物語になるでしょう。親がどんなに子どものことを考えて躾をし、勉強しなさいと何度言っても、子どもは親の一言一言を煩わしく感じて反発し反抗する。一方、子どもを主人公にした映画や小説なら次のような物語になります。大人の視点からしかものごとを見ない親は、子どもの気持ちを理解しようとせず、自分に都合のいいことしか言わない。子どもはそんな親にうんざりし、でも親を不機嫌にさせると面倒なので反抗的な態度もせずにいらいらと日々を過ごしている。

一瀬先生が語られた鉄則は、親担当者は、親の立場から、親の視点で見られるようになれという意味を含んでいたのでしょう。客観的な視点よりむしろ踏み込んで親寄りの視点で見てみましょう、と。あるいは、親自身よりも親寄りに、と言えるかもしれません。なぜなら、どんな親も自分の躾や子育てに一〇〇%の自信を持っていることはないからです。自分のこういうところが子どもに悪い影響を与えたのではないか、こういうところが子どもの成長にマイナスに働いているのではないかと、自分の落ち度にびくびくしているからです。どんなに自信がある親でも、自分が子どもに対して最善手を打ち続けているとは思っていないでしょう。一瀬先生の鉄則に従えば、親が自信なげに自分の育て方が悪かったのかと言っても、親担当者は、「そんなことはありません。あなたは今まで子どもに十分最善なことをされていると思いますよ。胸を張ってください」と返答するでしょう。しかも、それを本音で思って親に告げるのですから、魔法の言葉です。現在では、筆者は、この《鉄則1》の謎が解けて、親面接の極意に触れたと思っています。

♣全人的なかかわり

第8章で述べますが、《鉄則1》は、親を親としてだけ見るなという意味を含んでいます。親を親としてのみ考えれば、人であるかぎり失敗もするでしょうし、もっとこうしておけばよかった、ああしておけばよかったということもあるでしょう。しかし人として見れば、どんな人生も失敗の人生などありません。いろいろ事情が重なり、いろいろ糸がもつれ合い絡み合って、人の人生はつむぎ合わされます。親としての失敗の背景がわからない時に、周囲の人はその親を駄目な親と評価します。それは外側から理解しているからです。ところがその人の親友がいるとすれば、たとえ親として一見欠点を持っているとしても、親友はその欠点でその人を嫌いにはなりません。人として誠実に真剣に一生懸命生きている部分を見ている人は、その人の味方としてその人に寄り添うでしょう。だからと言ってその人を甘やかすということではなく、親としての欠点は厳しく指摘したりする場合もあります。

一瀬先生の鉄則は、親を親としてだけではなく、妻（夫）として、女（男）として、仕事人として、趣味人として、息子（娘）として、友として、後輩として、先輩として、全人的に、さまざまなその人の部分すべてとかかわり、親を人として見よということも含んでいると思います。

この一瀬先生の鉄則は、当時の筆者にとっては謎めいていました。だからこそ筆者の印象に強く残り、いまだに筆者の親面接の試金石になっています。筆者はまだ一瀬先生のこの鉄則にすべて従って親面接をするレベルには達していないと思います。少しわかりかけてきてはいますが、筆者にとってつねに親面接の究極の目標になっています。少なくとも、目の前にいる親がずっと最善手を取り続けてきたのだと筆者が心から思えた親面接は、中断しませんでした。だからこそ、この鉄則を大切にしたいのです。

第2節　親＝教師＝子どもの三角関係

親と子どもの立場の違いという事情に合わせて、カウンセリングの領域では、親子並行面接があります。親には親担当者が、子どもには子ども担当者がついて、親担当者は基本的に親の立場に立って、親に寄り添い、親の悩みの解決を援助し、子ども担当者は基本的に子どもの立場に立って、子ども自身が自分の問題の解決をしていくのを援助します。

ところが教師は、親担当も子ども担当も同じく兼任しなければなりません。そこが教師による教育相談のむずかしさのひとつではないでしょうか。どちらにも同じくらいに好感を持つということは、実際のところむずかしいのです。とくに親子葛藤が強いケースは、どちらかに好感を持てば、好感を持ったほうの立場から見やすいですから、他方は悪者に見えやすくなります。

日頃子どもや保護者とかかわっている時に、この親＝教師＝子どもの三角関係を意識して見ると、今自分が誰により好感を持っているのか、誰の気持ちに共感しているのか、逆に誰の立場を理解していないのか、誰に反感を持っているのかを意識するのに便利です（図2－1）。人間関係で容易に三角関係に陥ってしまうのは、恋愛関係だけとはかぎらないのです。その三角関係が、保護者や子どもとのかかわりを進めやすくもすれば、進めにくくもします。

【事例2－1】　**親と教師が聞き分けの悪い子で一致**

ある子どもが授業中も落ち着きがないし忘れ物をよくする。それを担任が指摘してもなかなか指導が受け入れられない。保護者に学校に来てもらい話を聞いてみると、保護者も子どもがなかなか親の言うことに従わずに悩んでいるという。教師も保護者も、子どもの聞き分けが悪いということで共感し合い、子どもが困った子どもだということで一致した。

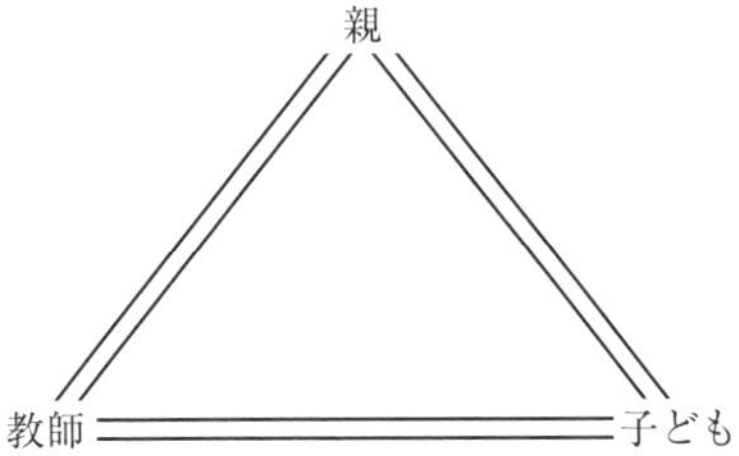

図2－1　親＝教師＝子どもの三角関係

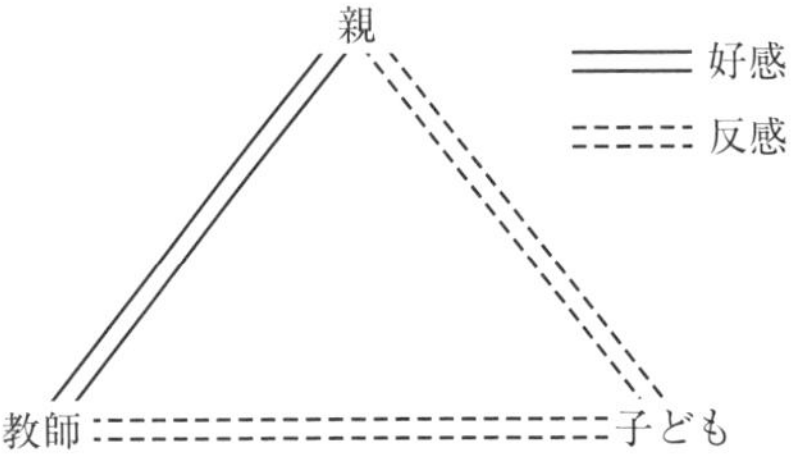

図2－2　親＝教師＝子どもの三角関係
（教師親寄り型）

この事例の親＝教師＝子どもの三角関係では、教師が親寄りの見方をしています（図2－2）。教師は親により好感を持っており、子どもに好感を持っている程度が少し低いのです。言い換えると子どもの立場に立てていません。ですから親との面談はうまくいっているように感じますが、子どもとのかかわりが困難になります。子どもがなかなか心を開いてくれないということも起こるかもしれません。子どもは自分が好感を持たれていないと意識するかもしれません。不登校なら、家庭訪問をしても子どもは会ってくれなくなり、親とのみ連携が取れるケースになるかもしれません。

【事例2－2】　教師の心配に取りあわない親

子どもが最近、少し表情も暗く成績が下がり気味なので、心配して保護者に学校に来てもらったが、子どもの状態をいくら説明しても、保護者は「別に家ではなんの変わりもない」の一点張りで、こちらの気がかりをわかってくれない。あまり言うと「何かうちの子どもに文

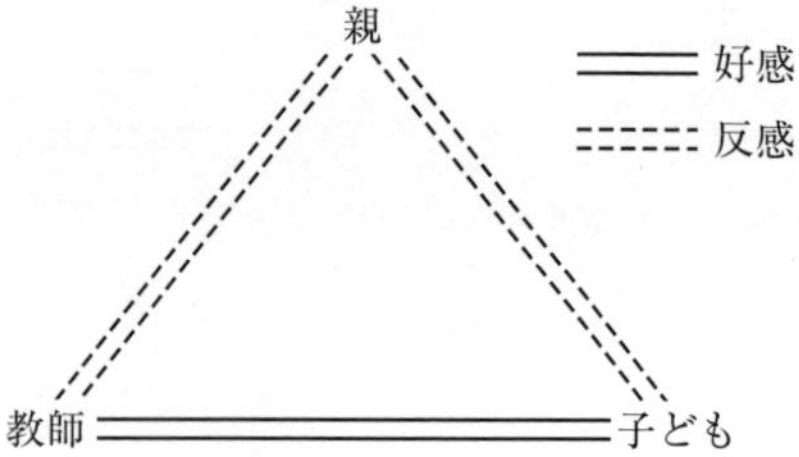

図2－3　親＝教師＝子どもの三角関係
（教師子ども寄り型）

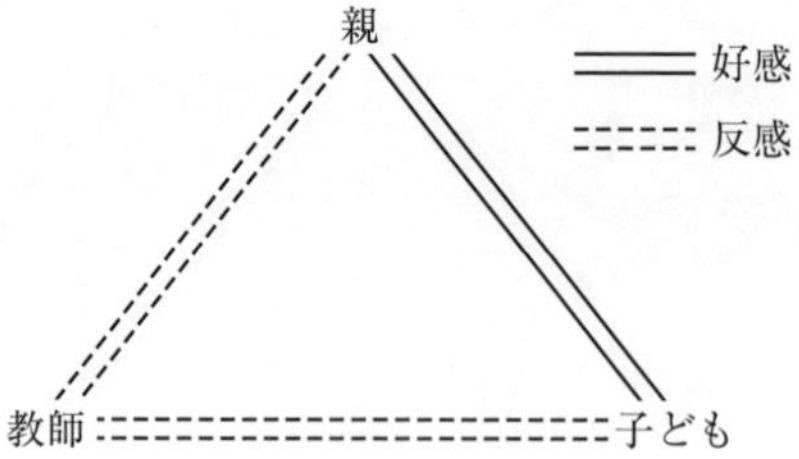

図2－4　親＝教師＝子どもの三角関係
（教師家庭対立型）

句があるのか」と逆ギレされそうになる。

この事例の親＝教師＝子どもの三角関係では、教師が子ども寄りの見方をしています（図2－3）。教師は子どもにより好感を持っており、親には好感をあまり持てていないか、あるいはいくぶんか反感を抱いています。すると子どもとの関係は良好になりますが、親との関係がうまくいきにくいのです。子どもに対しては、「あんたも大変だな、親がもう少しこうなってくれたらいいのにね」と共感的にかかわることができます。一方保護者は、教師に好感を持たれていないと意識するかもしれませんし、保護者は教師に心を開く気持ちになれないと感じているかもしれません。

【事例2－3】　子どもも親も教師に反発

ある子どもが他の子どもに毎日のようにちょっかいを出し喧嘩になり、問題を起こしかけているので保護者と面談をすると、保護者は教師から見ると問題意識がなく、「うちの子どもには、喧嘩に負けるなといつも教育しています。子ども同士は喧嘩をするものでしょう」と取り付く島もありません。子どもも、仲良くしなさいと指導しても、「向こうが悪い」の一点張りで、教師から見ると本人から手を出しているように見えるので、納得できません。あまり強く指導すると、鬼のような目で教師を見据え、逆ギレしそうな気配です。

この事例の親＝教師＝子どもの三角関係では、親と子どもが共感関係にあります（図2－4）。教師は、親にも子どもにも好感を持てません。言い換えれば、親の立場にも子どもの立場にも立てていません。子どもも保護者も、教師に好感を持たれていないと感じているので、教師に心を開く気持ちになれない可能性が高いのです。教師からすると、親と子どもが独自の価値観でつながっていると感じます。そしてその価値観に同意できない、ついていけないと感じているのです。

どの事例もよくあります。もちろん一番よい連携は、三者がお互いに好感を持ち合っている場合になります。それを目指して努力すればよいのですが、親と子どもが反発し合っている場合には、どちらに対しても好感を持つことがとてもむずかしいのです。

これは、社会心理学で有名なハイダーの認知的均衡理論です。ハイダーは、好き嫌いの心情関係や結合・分離の単位形成関係では、認知的なバランスを取ろうとする傾向が現れて、認知を決定すると考えました。親友がクラシックを好きなら、自分も好きになる傾向が現れる、親友がクラシックを好きで自分が嫌いなら、バランスが取れずに緊張関係になりやすい。ハイダーの理論によれば、図の好感を＋として反感を－とすると、三つの＋と－をかけ合わせて、解が＋になればバランスが取れており、－になればバランスが取れていないことになります（Heider, F., 1958）。

親と子どもが反発し合っていると、どちらにも好感を持ってかかわろうとしても、それはアンバランスでとても困難な道になります。もちろんどちらにも好感を持つのは不可能ではありません。しかし、この三角関係について無反省にかかわっていくと、認知的バランス理論に沿って、気がつくと保護者に反感を買ったり、子どもに嫌われたりしやすいことを理解しておくとよいでしょう。

第3節　雑談の大切さ

まず、担任として大切なのは、問題が起こる前から保護者や子どもと関係を作っておくことです。そのために一番重要なことは、雑談を欠かさないことでしょう。

保護者や子どもとの雑談や遊びをもっとも大切にする。──《**鉄則2**》

雑談はいろいろな意味でとても大切です。雑談はまずリラックスして余裕がなければできません。緊張してぎすぎすした関係の中では雑談は生まれないのです。義務的な関係の中では雑談はあまり生じません。雑談をするということは、その関係がくつろぎの関係であるということです。要件だけ伝え合うような関係は味気ないですよね。

雑談をするということは、相手に関心があるのだというメッセージを伝えることになります。好きな食べ物は何か、好きな色は何色か、旅行で行きたいところはどこか、今までどこを旅行したことがあるのか、いつもどんなテレビ番組を見ているのか、暇な時にはどんなことをしているのか、今夢中になっていることは何か、好きな音楽はどんな曲か、どんな本を読むのか、どんなことに関心があるのか、周りの人とどんな会話をしているのかなど、相手の好みや感性などの特徴を知りたいということなのです。その相手の特徴を憶えることで相手のことを知ることができます。雑談をすることで、関係がつながっていくのです。

極端に言えば、どれだけ雑談をしたかによって、つながりの程度を測ることができるとさえ言えるでしょう。

♣雑談が作る良い循環

また、雑談は、気が重くなるような話ではないということも大切な要素です。軽い立ち話は、軽やかだからこそ心も軽くしてくれます。気が重くなる話に、必要なら逃げずに向き合うという態度も大切です。しかし、気が重くなるような話ばかりをしていては、人間は気が滅入ってしまいます。一面では逃げることになるのかもしれませんが、逃げると考えずに、棚上げするというイメージならよいイメージになります。どんなに辛いことがあっても、雑談を楽しめる人は強いのです。真剣に悩んでいる自分もいれば、雑談で朗らかに笑う自分もいます。そのような全人的なかかわりの中心に雑談があります。

気が重い話はTPOが大切です。適切な時に適切な場所で適切なタイミングですることが一番効果的です。そして気が重い話は、できれば保護者のほうから相談してくれるのがベストです。場合によっては教師から持ちかけなければならない時はあるのですが、その場合でも、無理に気が重くなるような話に引き込むことは避けたいものです。

雑談が、いろいろな意味で保護者や子どもとの関係を形成していくために重要であることがわかると思います。クラスの保護者や子どもの顔を思い浮かべてみてください。好感を持てている保護者や子どもほど、雑談していることが多いのでは。もちろん好感を持ち合っているから雑談しやすい部分もあります。そして雑談をするからこそますます好感度もアップしていきやすいのです。そのような良い循環が起きるからこそ好感を持ち続けていけるのです（図2－5（次頁））。クラスの子どもの好きな食べ物やよく読ん

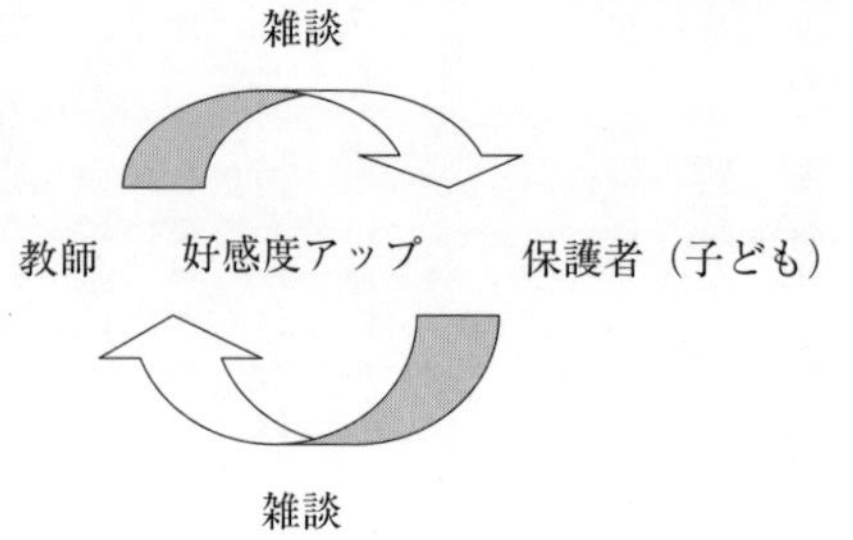

図２－５　雑談を通して好感度をアップするよい循環

でいる本などすらあまり知らないとしたら、子どもとのかかわりを、しっかりと子ども本位に考え直したほうがいいでしょう。

好感を持てない保護者や子どもとは雑談をした記憶があまりなかったりします。教師がリラックスして雑談を交わす感じになれなかったり、保護者や子どものほうが人間関係を不得意と感じていたり人間不信があって、雑談が苦手な場合があります。取り付く島がないと感じる場合もありますよね。するとますます雑談をしにくくなり、雑談をしないのでますますお互い近づきがたいと感じて、距離も縮まりません。

前節で述べたように、そのような保護者や子どもほど、雑談を辛抱強くし続けて、つながりを作っていくことが大事です。

【事例２―４】　そそくさと子どもを連れ帰る親

あるカウンセラー養成講座で、幼稚園の男性教諭が、子どもを迎えに来ても子どもを連れてそそくさと帰宅してしまい、なかなかつながりを持ちにくい保護者がいるという悩みをみんなに相談した。筆者は、その保護者が帰宅する前に足を止めて、雑談に誘い、まず「最近家でお子さんの様子はどうですか？」という質問から入って、子どもの好き嫌いなどの応えやすい質問で立ち話をしてみたらどうかとアドバイスした。どのような雑談がいいか、みんなで話し合った。そのような取り組みを始めてから数カ月後、その保護者が相談したいことがあると申し出てきたので面談の時間を取ると、母親は家族の悩みを涙を流しながら話し始めた。

このように、雑談をし続けることで、信頼関係が自然と形成されて、保護者の心の中に、教師に相談してみたいという気持ちを育むことができるのです。

♣何を話題にするか

保護者との雑談の入り口は、家での子どもの様子が入りやすいでしょう。しかし、子どものことで悩んでいる場合は、家での子どもの様子は気が重くなるような話になるので、雑談にはなりません。雑談というからには、悩みを忘れさせてくれる内容が望ましいのです。子どもや保護者に問題があると教師が思っている保護者ほど雑談がむずかしいのは、教師に雑談をする余裕がないからです。教師は、保護者や子どもに伝えたいことがあるのです。そしてそれはたいてい相手にとって耳の痛い話だったり、説教に聞こえる話だったり、気が重くなるような話です。そのような場合こそ、保護者との雑談を大切にすることが、保護者の気持ちを軽やかにし、保護者の明日のやる気と気力を育みます。

保護者は、家事に追われ、子育てや躾に悩み、夫や祖父母、きょうだいなどとの人間関係に神経をすり減らし、仕事のストレスが加算して大変なのです。どのようにストレス発散や気晴らしをしているのかという雑談も有効です。自分の抱えている問題や悩み事を相談できる人はいるのか、夢中で一緒に遊び疲れを癒す人がいるのか、一緒にいるとほっとする人はいるのか、一緒にいると気疲れせずありのままの自分でいられる人はいるのか、自分の気持ちをよくわかってくれる人はいるのかなどの質問もいいでしょう。もちろんそういう人がひとりもいないという悩みもあるので、答えに口ごもったり、急に話を逸らしたり、表情が変わったりした場合は、「この話題は困りますか？　やめましょう」とさりげなくやめるほうがよいでしょう。プライバシーの領域に土足で踏み込むことにもなりますから。

趣味の話もいいでしょう。主婦も働く母親も、余暇などないという人が多いと思います。しかしそのような忙しい中でも、手芸や裁縫、料理や犬の散歩、カラオケや楽器、スポーツやゲームなどでストレス発散をしている人もいるでしょう。あるいは若い頃はいろんな趣味があったけど今は暇がなくてなかなかできないという話から、若い頃に話を振ればその頃の武勇伝などで話に花が咲くこともあるかもしれません。日頃の忙しさや悩みに煩わされて、すっかり昔の自分を振り返る余裕もなく過ごしていた最近の自分の実態に気づき、少し本来の自分を取り戻すことができるかもしれません。それをきっかけに昔の趣味を再開できる場合もあります。

【事例2－5】　昔の本で元気を取り戻した母親

ある母親は、子どもの不登校に親としての自信もぐらつき、今までの子育てや躾が悪かったのかと自分を追い詰め、仕事も辞め、家を出られない子どもに寄り添い、毎日鬱々と過ごしていた。育児書や子育ての専門書を買って読むものの、なかなか自分にはできないアドバイスや、効果のないアドバイスに翻弄され、ますます自信を失うことが多かった。

しかしカウンセラーとストレスマネジメントについて話し合う中で、昔児童文学が大好きでよく読んでいたことを思い出した。ダンボールに入れて押入れの天袋に置いてあった昔の本を取り出して読んでいくと、まるで昔に帰ったかのように夢中になって読み進む自分に嬉しくなった。元気になった母親は、今まで子どもが虫の本ばかり読んでいたのを、もっと勉強してくれたらいいのにと否定的に見ていたことをとらえ直し、お互い好きなことに夢中になることを認め合うことができた。

保護者も元気になることが必要なのです。リラクセーション（Relaxation）、リクリエーション（Recreation）、リフレッシュ（Refreshment）の三つのRで元気を取り戻す試みのひとつが雑談と言えるでしょう。

だからこそ雑談は、軽やかで多彩で朗らかで笑えるものがよいのです。重々しい悩みを棚上げして、軽やかに楽しめる話題がよいのです。そのような雑談をする余裕を教師が持つと、保護者は健康な自分、朗らかな自分を教師に認めてもらえていると感じ、自分が親としてではなく、人として全体を認めてもらえていると感じ、教師から支えられていると感じることができるのです。

第4節 〈今ここで〉感じていることに共感する

カウンセリングに関する誤解でもっとも多いのは、カウンセリングの一番重要な要素は悩みを聞き出し、その悩みや苦しみに共感することと思われている点です。もちろん悩みを話したいという人の悩みには必死で耳を傾けます。しかし、心から悩みを話したいと思い、最初から躊躇なく相手を信頼して話をすることができて、自分の思いを流暢に言葉に表すことができる人はむしろ少数派です。

悩みは持っているけど、それをカウンセラーに話すことに抵抗感のある人が多数派ではないでしょうか。カウンセラーである筆者を前にして、多くの人が、少し申し訳なさそうに、一方で思い切って言えたことにすっきりしているかのように、「カウンセリングって本当に効果があるのですか？」「カウンセラーにやっかいになるなんて自分の足で立てないみたいで嫌ですね」「見ず知らずの人に自分の本当の悩みを話すなんてできません」などの気持ちを話してくれます。このような気持ちに耳を傾け、その気持ちに共感するということが出発点になることが多いのです。逆説的に言えば、カウンセリングでもっとも大切なことは、話したくないことは絶対話さなくていいと保証してあげることです。大切なのは、今ここで（here and now）相手がどのような気持ちでいるのかということです。

目の前にいる人が、今ここで感じていることに共感する。――《鉄則3》

♣保護者は面談日に気が重い

たとえば子どもがちょっとした問題行動を起こしたので、教師が保護者を呼びその問題について報告し、今後の対応を話し合おうと考えたとします。教師は保護者に電話で簡単に問題について触れ、何日後に学校に来てくださいと告げます。その後で教師は別の仕事に追い立てられます。その後保護者のことを思い出すのは、面談の当日以外では数えるほどでしょう。保護者はどうでしょうか？　その電話で教師の声を聞いた瞬間に、「学校からの電話だ！　またうちの子どもが問題を起こしたの？　ため息が出ちゃう。だいたいこの先生がクラスをまとめる力があるのか疑問だわ」と思ったかもしれません。ほとんどの保護者は、その電話のことが面談の日まで頭を離れることはありません。中には、鬱々とした気分で面談の日までずっと過ごしている人もいるでしょう。面談の日が近づくにつれて気が重くなっていきます。仕事をしている母親なら、たとえばパートのシフト変更で会社と少し揉めるかもしれません。そのたびに自分がなんでこんな目に遭わないといけないのか、行き場のない怒りを子どもや教師に向けるかもしれません。

「こんな保護者の辛さもわからずに、教師という人は親を平気で呼び出すのよ」とひとりため息をついたりします。面談で子どものことをどう非難されるのか、自分の親としての育て方をどう批判されるのか、戦々恐々としているかもしれません。

呼び出した教師は、保護者がそのような思いを経て面談日に登校してくるのをわかる余裕がないかもしれません。保護者の体験に思いを馳せる余裕もなく、職員会議や授業、生活指導をこなし、校内分掌を片付けている頃に保護者が登校したという連絡を得て、あわただしく空いている部屋に保護者を導いて、座ったとたんに、挨拶もほどほどに「実は先日」と用件に入ってしまうかもしれません。

保護者は前述のような思いを抱え、気が重かったりいらいらしていたり教師への不満を隠して、教師と顔をつき合わせています。こんな時に、保護者が教師に心を開くのはむずかしいでしょう。

教師は、すぐに用件に入るのではなく、「お忙しい中呼び出してすみません。先日の電話でお話した時、お母さんどう思いました？　ショックを受けられたかもしれませんね。あの後落ち込まれてませんでしたか？」などと声をかけて、電話をしてから当日までの間の気持ちを話す機会を持ってもらうのが重要です。「今日も学校へ来るまでの間気が重かったかもしれませんね」などと、今目の前の保護者の気持ちを思いやり、共感する言葉をこちらから出すことが、保護者に気持ちを吐き出すきっかけを与えます。「そうなんです。またうちの子どもが何かをしたのかと思うといたたまれなくて。学校からの電話っていい話であることはないですから」と保護者が思いを話してくれたら、その気持ちに共感します。

♣余裕を持って面談に入る

カウンセリングの場合は、クライエントが自主的に相談しに来ることに対応すればよいのですが、教師の教育相談の場合、相手は相談を希望していないことが多いのです。そればかりか、相手がよけいな口出しをしないでほしいと思っているのに、教師として教育目標を達成するために、相手の問題を指摘したり、ほのめかしたりして、行動や態度を変えるよう面談をする必要に迫られるのです。そこに教育相談のむずかしさがあり、カウンセリングとの決定的な違いがあります。

だからこそ、その場その場での保護者の気持ちをしっかりと理解し受け止めながら、面談を進める必要があるのです。保護者が面談に対して後ろ向きの時は、教師が何を言っても保護者には伝わらないでしょう。教師に不信感を持っている時はなおさらです。そのような時にあわてて用件を持ち出すと、保護者から見て教師の焦りやいらいらが読み取れてしまいますから、なおさら保護者は教師から考えを押し付けられたと感じたり、説教されたり、追い詰められているように感じてしまうものです。

まず、教師が余裕を持ちリラックスして、面談に対して後ろ向きな保護者の気持ちに共感し、教師に対して不信感を抱く気持ちにすら共感していくことが必要です。そして、どのようなきっかけから不信感を持つに至ったのかを細かくしっかりと聞き出して、不信感が生まれた経緯を理解し、その時の保護者の傷つきに共感し、必要なら謝罪することが、保護者の教師への不信感を軽減し、面談への意欲を再生する道となります。

第5節　教師への負の感情をしっかり受け止める

もともと人間不信がありそれが教師にも向けられる場合以外は、最初に会うまでは教師への不信感はありません。初対面の第一印象は大事です。たまたま教師が、保護者の苦手な人や昔深く傷つけられた人に似ていたりすると、かかわらないうちから教師への不信感が生じる場合があります。そのような不信感は、教師にとっては身に覚えのない〈理不尽な評価〉ではあります。しかしそこで教師が、〈理不尽な評価〉をされることへの不快感や、そのような評価をやめてほしいというような要請を表すことは、保護者との関係を壊す可能性があります。保護者の感じていることは〝感情〟であり、自分でどうこうできるものではありません。そこを指摘されると保護者もどうしようもないことと感じてしまい、傷つきやすい保護者なら「自分が責められた」と感じて教師への不快感が生じてしまいます。

このようなケースでは、〈理不尽な評価〉への不快感は〝棚上げ〟しておいて、保護者の苦手な人の話や以前深く傷つけられた事件の話を聞いて、保護者の心の傷に共感することが、信頼関係を作っていくことにつながります。

【事例2－6】　カウンセリングをやめたいと言い出したクライエント

ある男性のカウンセリングを始めた時、その男性はにこやかに、積極的にカウンセリングを受けているかのように筆者には感じられた。そのカウンセリングルームには、筆者の座るソファに対して、対面の一番遠い一人掛けのソファと、横の三人掛けのソファがあったのだが、その男性はあまり選ばれることのない一番遠い対面のソファに座って礼儀正しい姿勢でカウンセリングを受けていた。

何回か面接をした後で突然カウンセリングをやめたいと連絡があり、とりあえずもう一度会いたいという思いを筆者が伝え、クライエントも了解して面接を行った。

最初は、理由を聞いてもあいまいな答えしか言わなかったが、「面接に対して不満とかもっとこうしてほしいとかありますか」とか、「私に対して何か不満とか言いたいこととかありますか」と丁寧に聞いていくと、ゆっくりと次のような話をしてくれた。

「先生は眼鏡をかけてるじゃないですか。それにメモも取ってますね。実は以前入院していた病院で、とても厳しくて嫌な言い方をする先生が、先生くらいの年齢の男性で眼鏡をかけていたのです。そして人が話を一生懸命しているのに、目も合わせずにずっとメモを取っていたのです。先生に話をしていると、どうしてもその嫌な先生を思い出して、身を硬くしてしまうのです。だから先生を変えないとカウンセリングを続けられないと思いました」

筆者はクライエントの話にびっくりすると同時に、カウンセリングを始めて以来、何回かの面接を不快な感情を感じ続けてきたクライエントを思い、その気持ちを推し量れずにいたことは申し訳なかったという気持ちを伝えた。そして、年齢と性別と眼鏡は変えようがないが、メモは取らないでしっかりと話を聞くので、仕切り直しをしませんかと提案した。クライエントは、その提案に合意し、今まで言えなかった思いを筆者に思い切って伝えることができてすっきりしたような表情をしていた。

次の回、クライエントは部屋に入るのと同時に、向かいの遠い席ではなく、横のソファの真ん中にどかっと座り込み、靴を脱いで靴下で胡坐をかいて話をし始めた。彼が初めて本当にリラックスしているように見えた。

この事例からわかるように、教師への不満や相性が合わないのではないかという疑いの気持ちを、ちゃんと保護者に話してもらい、それをしっかりと受け止めることで、教師と保護者との間の信頼感は作っていけるのです。自分への不満や不信感、嫌悪感、反感、反抗心などの負の気持ちは、受ける側のこちらも動揺してしまい受け止めにくいものですが、それを放っておくとそのような負の気持ちは積み重なり、深い不信感と教師批判、学校批判、完全な教師拒否へとつながる可能性もあるので、教師や学校への負の感情はまだ芽のうちから早期対処をしておくのが望ましいでしょう。

大切なことは、過去の人と重ねられても困るというこちらの言い分を主張するのではなく、過去の人と重なり過去の記憶が侵入してきて辛いという気持ちにしっかりと共感することです。感情や気持ちは、意見や考えと比べ、どんな場合でもそれ自体が不当だとか間違いだということは決してないのです。

第6節　過去の心の傷に共感する

これまでに述べたように、保護者の心はとても傷つきやすいものです。親としてどんなに傷ついても、日々人として親として生きていかなければなりません。そのような心の傷を隠し、すべての保護者は生きているのです。心の傷が深ければ深いほど、周囲の人の何気ない一言で再び傷を抉られ、血が流れます。

どんな人でも必ず、過去に周囲の人の言葉に、心から傷ついた経験がある。その傷ついた経験を話してもらい、共感する。――《鉄則4》

親が一番傷つけられるのは、小児科医や心理判定員、保健師や看護師、カウンセラーや教師などの専門家からの言葉です。このことは専門家として肝に銘じなければならないでしょう。

続いて、自分の親や夫（妻）の親、夫（妻）、自分や配偶者のきょうだい、同じ年頃の子どもを持つ親などの言葉に傷つきます。

この傷は、見えない傷口が開いて今にも血を流しそうなのに、またそうであるがゆえに、保護者が自分から話すことはありません。それは、これ以上傷つきたくないという防衛本能からであって、傷ついた体験を話さないからといって、その保護者が過去に傷ついたことがないことを意味しません。すべての親が、何回かは、誰かの言葉に深く傷ついた経験があると想定しても間違いありません。

【事例2－7】　一歳半検診でショックを受けた母親

二歳の子どもの発達の遅れで相談室を訪れた両親が、子どもの生育歴と問題歴を、それなりに感情を見せながらも、どちらかといえば淡々と、若干の硬さを隠そうとしながら、できるだけ自然に話し終えた。筆者は、誰に対しても不満らしきものを口にしない母親に少し何か隠しているような雰囲気を感じながら、今まで誰に相談して、どんなことを言われて、そしてどんな気持ちがしたかという質問をゆっくりとしていった。すると一歳半検診でのことを少しずつ話し始めた。一歳半検診で子どもに問題が発見され、両親が自分でこの相談室を探して相談に来られたことはわかっていた。

母親は、感情をあまり交えずに、「検診で子どもに少し問題があると言われまして」と、ひとごとのように言う。そこでもう少し具体的に保健所に到着してからのことを、時間を追いながら聞きたいと伝えた。まず一階で検診を受けていて、みんな数分の小児科医の検診で帰ってよろしいと言われていたのに、自分の順番で小児科医が眉をひそめたのをはっきりと憶えていると答えた。筆者がその場面の母親の気持ちに共感して、「自分もすんなり終わるかと思っていたのに、眉をひそめられたら急に不安になりますね」と言うと、「そうなんです。何かカルテにメモをしていたのですけどそれが気になって、徐々に心臓がどきどきし始めて。心臓がかなり高まった瞬間に先生が、『ちょっと二階にあがってもらえますか?』と言って……目の前が真っ暗になりました」。筆者が、それはショックでしょうと気持ちを強めに読み取って反射すると、「ほんとにほんとにショックで。階段がまるで死刑台への長い階段のように感じました」とかなり感情を込めて話せるようになってきた。

それから心理判定員による心理検査が始まり、内容はよくわからなかったけど、自分の子どもが期待されたことをできないことだけはよくわかって、そのたびに胸が苦しくなった。検査が終わると大きな鏡の前に立たされ、専門家らしき人が、『お母さん、普通子どもは鏡の中にお母さんを発見すると、後ろを振り返り実際のお母さんを確認して、鏡像とお母さんが一緒だとわかったよと知らせるものですよ』と指摘してきた。もちろん自分の子どもはそうしなかったのである。さらに、『このような初めて来た場所では、子どもはしばらくうろうろしてから、一番安心するお母さんの膝の上に座りエネルギーを補給するものですよ』と指摘され、それもできないということを畳みかけられて、ノックアウトさせられたのである。保健所からの帰り道に、母親が絶望的な気持ちで、子どもに笑顔を見せる余裕もなくとぼとぼと帰宅したのは想像できるだろう。

筆者は、今日は夫婦で来室していることと関係づけて、「では今日は、またここでもショッキングなことを言われたらもう立ち直れないと思い、ひとりではとても心細くて旦那さんと一緒に来られたのではないですか?」と伝えると、母親はわが意を得たりとばかりに、「そうなんです。今日はどうしても夫について来てほしくて、何があっても仕事を休んで来てくれるように強く要求したんです」と言った。

母親はこの話ができて安心したのか、実は産後数週間の時に実母が亡くなり、そのことのショックはもとより、葬式の手配なども長女の自分が中心にしなければならなかったり、赤ちゃんにとってはとても大事な一カ月くらい茫然自失の状態で世話をしていたことが、心の底でずっと気になっていたと、人に言えなかった話をしてくれた。子どもの発達に遅れが見られた時に、自分のせいでそうなったに違いないという罪悪感でいっぱいになって、とても傷つきやすい状態になっていたということがわかった。

【事例2−8】　スキンシップ不足を指摘された母親

母親が、チックの症状のある子どもを相談室に連れて来た。いつものように生育歴と問題歴を聴取してから、当相談室に来た経緯を尋ねていった。数カ月前に子どもの瞬きがあまりに多いのが気になって、近所の小児科医に見てもらったところ、子どもの瞬きの症状をしばらく観察して、基本的にはとくに問題はありませんと言われた。そこまではよかったのだが、最後にその先生が、「お母さん、子どもにはスキンシップが必要です。これからいつもより多めに抱っこしたりしてあげてくださいね」と言ったことで地獄に突き落とされてしまった。帰り道に母親は、自分の子どもへのスキンシップが足りなかったから子どもにこんな症状が出てしまったのかとショックで自責の念に駆られ、すっかり落ち込んで帰宅した。しばらくその先生の言いつけを守り、必死でスキンシップを図るのだが、子どもは怪訝な顔をして不思議がるし、自分でも不自然だなと思っていた。いくらスキンシップをしてもチックが治らないので、思い切って相談室を訪れた。

筆者は、スキンシップが足りないからチックの症状が出るということはまずありえないことと、症状の原因を探すより、これからのことを一緒に前向きに考えていきましょうと伝えると、母親も少し安心したようだった。

どちらも専門家の一言に深く傷ついて、相談したのに、逆に元気をなくして落ち込み、自信を喪失してしまう結果になっています。

専門家の正確な言葉は何であったのか、二例とも母親の言葉なので、はっきりとはわかりませんが、母親がこのように受け取ってしまうようなことを、受容的でも共感的でもない雰囲気で伝えたのは事実でしょう。また、一歳半検診、三歳児検診の際には、正確な検診を期すあまりに、保護者の気持ちを考えない一言を発してしまう危険性が高いのだと思われます。

♣傷つき経験をたずねてみる

新しく担任になったら、保護者に、今まで教師の一言や態度に傷ついた経験とか、不満に思ったりした経験があったら教えてくださいと聞いてみたらいいでしょう。最初は、「そんなことありません、みなさんいい先生ばかりで」と言うかもしれませんが、「教師も長所も欠点もある人間ですから、心ない一言とか思わず言ってしまうこともあるんですよ」とさらに誘うと、「そういえば、一昨年の担任の先生はいい先生でしたけど、先生も他意はなかったのだとは思いますけど」と前置きをしながら、傷ついた経験を話してくれるかもしれません。

自分の両親や、夫（妻）の両親、夫からの一言や態度で傷ついた経験も、なかなか言えないものです。日本人の美徳のひとつですね。人の悪口を言うのははしたないとか、人の悪口を言うと自分に返ってくるとか、そのような意識で思い切って言えない場合もあります。第7章第3節で述べるように、母親と娘との関係はとてもむずかしい場合もあります。諸刃の剣だと言えるでしょう。多くの女性が、「母はいつも相談にのってくれてありがたいといつも感謝しています」と最初は言います。そこで筆者が、「でも母親って、相談にはのってくれるけど、いつも一言多いというか、最後は説教になりませんか?」とか、「母親って、相談には熱心にのってくれるけど、相談にのってあげたということを恩着せがましくいつまでも言ってきません?」と言うと、かなりの人が同意しつつ、母親への不満を少しずつ言えるようになります。保護者が、どのような人のどのような一言に傷つくのかを理解し、共感することで、保護者の傷つきやすさについて理解できます。また、保護者の傷つくパターンを理解できれば、教師がさらに保護者を傷つけてしまうのを避けることも減らすこともできます。

第7節　相談後どういう気持ちで帰るか考える

【事例2−7】も【事例2−8】も、専門家の面接を受けた後の帰り道で落ち込んでしまっています。専門家である限りは、相談を受けた帰り道には、相談を受ける前よりも、クライエントに少しでも元気になってもらうことが望ましいでしょう。

帰り道に相談者がどういう気持ちで帰るかを考えて面談を終える。——《**鉄則5**》

【事例1−1】で、好感を持てるところだけを話題にして、好感を持てない部分に直面しなかったのは、母親が、スクールカウンセラーに何かを説教のように指摘されることを予想して待ち構えていたからです。ここで直面させてしまったら、「やっぱりどんなにわかったようなことを言っていても、この人は私を困った親と見ていて説教をしたかっただけだ」と帰り道に思われると判断したからです。この面談は一回こっきりの大切な面接だということを意識すれば、帰り道に「今日は言いたいことを言って、ある程度は相手にわかってもらえて、すっきりしたわ」と思いながら帰ってもらいたかったからです。

帰り道というのは、次に教師やカウンセラーに会うまでの長い時間の、最初の大切なひと時なのです。そのひと時にどんな思いでいるかということは、その後の教師（カウンセラー）と保護者との信頼関係を決定するくらい重要であると言えるでしょう。

【事例2―9】 **葛藤を語った面接後、落ち込んでしまった男性**

筆者は、ある成人男性との面接を重ねていた。彼はいつも一週間にあった出来事を時系列で説明することに面接を使っており、それも感情を交えずに淡々と語っていたため、筆者は面接が深まらないという印象をずっと感じていた。ところが数カ月後、その殻が自然に破れて、彼は家族との葛藤、昔母親と言い合いをした時の怒りと悲しみと悔しさをついにしゃべってくれた。筆者はようやくカウンセリングも深まり軌道に乗ったようだと、嬉しい気持ちで面接を終えて、次の面接が楽しみで一週間があっという間に過ぎた。

ところが次の面接時間が来ても、普段は決して遅刻をしない彼が姿を現さない。心配しながらも、とりあえず面接時間の間は待つことにした。すると十五分過ぎに彼は現れ、筆者はほっとして面接室に入った。ところが、彼はうつむいたままずっと自分からしゃべろうとしなかった。筆者はどうしたのだろうと、この一週間の間に何かあったのか質問したら、どうも違うようだ。そこで、「ひょっとして前回の面接でひきずっていることがあって、今気が重いのかな」と聞いてみた。彼は少しの間身を硬くして沈黙し、しばらくして静かに重々しくゆっくりと語りだした。

彼は前回の面接でいろいろな話をした後で、帰り道に、母親と揉めた当時の感情が溢れてきて、怒りと苛立ち、惨めさと苦しさでどうしようもなく辛くなってきた。かろうじて下宿に帰り、それから三日間一歩も部屋を出られず、食事もできずに寝込んでいた。三日目に必死に友達に電話して部屋に来てもらい、カウンセリングを受けた後で急にしんどくなって落ち込み動けないことを話した。何時間か話を聞いてもらったら少し落ち着いてきて、食事が少し喉を通るようになった。それでも苦しくて、今日も来るかどうか迷いキャンセルしようかとも思ったが、なんとか起き上がって来たと言う。

彼がようやく過去の経験と向き合って話したのに、カウンセラーはその告白の重みをしっかりと受け止めることなく、カウンセリングがうまくいく、いかないといったカウンセラーのナルシシズムに浸って喜んでしまった。彼は、ひとりでしんどさを引き受けざるをえなくなり、とことん落ち込んでしまったのである。

筆者は心からそのクライエントに申し訳ないと思うと同時に、学んだ。それは、クライエントが初めて辛かった話をした時は危機状況であり、一番守りが必要なこと、辛い話をすることはその苦しかった時代にすっかり戻ってしまい、落ち込んでしまう可能性があること、辛い話をしてしんどくならないかをしっかり配慮する必要があるということだった。辛かった話をクライエントがした面接の最後には、しんどくないか気遣い、もしもカウンセリングの帰り道にしんどくなったらどうしたらよいか話し合っておく必要があるのだ。

教育相談において、面談からの帰り道がどれだけ大切かわかってもらえたと思います。教師は一年間、あるいは二年間の担任の間が勝負です。その間に、子どもや保護者とつながり、信頼関係を作り、問題が起こればそれを横並びになって教師と保護者が助け合って解決していける連携の仕方ができればいいのです。

そのために重要なのは、①雑談をして保護者や子どもとしっかりとつながっておく（《鉄則2》）、②今目の前の保護者や子どもがどんな気持ちでいるか敏感に察し、理解し共感する（《鉄則3》）、③どんな人も今までいろいろな人の無思慮で心無い言葉に心から傷つき、苦しみ、落ち込み、あきらめた経験があることを理解する（《鉄則4》）、④一回一回の面談は、必ず帰り道の保護者や子どもの気持ちを踏まえなければならない（《鉄則5》）ことです。

教師も辛いことがあるでしょうが、燃え尽きて、生徒指導や保護者との連携に前向きな態度を失い、学校嫌いの教師にはなりたくありません。保護者や子どもの立場をしっかりと理解し、保護者や子どもが、「この教師なら信頼してみようかな」と思える教育相談ができれば、教師としての自尊心とスキルを高めてくれることになるのです。

第3章　〈指導の悪循環〉から抜け出す技術

第1節　〈指導の悪循環〉と〈指導の良い循環〉

教育では、学校においても個人の教師においても、教育目標を掲げて、その達成のために子どもを指導していきます。たとえば、学校の教育目標として、「よく考えよく工夫する子」「思いやりがあり助け合う子」「体力のある元気な子」「がまん強くやりぬく子」（埼玉県越谷市立大沢小学校）、「自ら学ぶ、行動力のある生徒を育成する」「優しく、思いやりのある生徒を育成する」「明るく、朗らかな生徒を育成する」（東京都大田区立志茂田中学校）などが掲げられています。その目標を達成するために、教師が協力し合って日々子どもとかかわり、子どもを誉め、励まし、叱り、指導していきます。また学校が掲げる教育目標に加えて、一人ひとりの教師が、クラスの教育目標として、子どもにこのような大人になってほしい、こういう資質を身に付けてほしいという理想を抱いて指導しています。そのような熱い心と強い信念に基づいた教育理念・教育目標を持っていない教師はいないでしょう。

理想を掲げて、教師はいろいろな指導方法を用いて子どもを指導します。指示したり、忠告したり、励ましたり、誉めたり、援助したり、例示したり、促したり、命令したり、叱ったり、説教したり、慰めたり、暗示してほのめかしたり、反論したり、挑発したり、含意したり、揶揄したり、説得したり、言い含めたりなど、自分が受けた教育や先輩や同僚の教師の教育方法を見て、学んだり、教えてもらったりしながら、子どもの指導の仕方を学んでいきます。

第1章で述べたように、教師が自分の理想を目指して子どもや保護者とかかわり、指導が適切に子どもや保護者に受け入れられ、教育目標が達成されれば、とくに問題はありません。カウンセリングマインドも共感もそれほど意識しなくてもかまわないのです。子どもや保護者との連携が上手く取れていて指導が順調に進むということは、教師の子どもや保護者への共感が十分成立していて、子どもや保護者に対して適度な好感を持って接することができている証と考えられるからです。すでに信頼関係が成立し、好感を持っているから指導が上手くいくのか、指導が上手くいくから好感を持てるのか、どちらでもよくなっています。〈指導の良い循環〉が成立していると何をやってもうまくいくという感じになります。

☘教師の持つ否定的な感情

問題は、教師が自分なりに努力して指導を行っても、子どもや保護者の教育目標が達成されない時にどうしたらよいかです。子どもが、忘れ物が多かったり注意力散漫で集中できない、休み時間ばかり元気で勉強に身が入らない、他の子どもに思いやりを示せず自分勝手に振る舞う、ものごとをがまん強くしんぼう強くやりぬけない、保護者が子どもの世話をしっかりしない、教師の助言に耳を傾けようとしない、教師の話すことに反発して怒鳴り込んで来るなどの事態に陥った時に、困り果ててしまいます。最初は、それでも指導が受け入れられることを期待してがんばるのですが、自分の指導の仕方ではいかんともしがたいということがわかってくると、いらいらし、怒りも湧いてきます。

そのようないらいらや怒りを押し殺して指導するのは、しんどいことです。次第に、指導にイライラや怒りが現れていることに気づくこともあります。あまりにも相手の行動変容が見られない場合は、子どもや保護者の側に原因があると感じて、そのような子どもや保護者のクラス担任になったこと自体を疎ましく思ったりします。事態が悪化してどうにもならなくなると、教師も自分がこの事態をやりぬくことができないという無力感を感じて、ついには自分の教師としての能力の限界を感じる場合もあります。指導が伝わらないことで否定的な感情が教師の中で強くなり、その感情が子どもや保護者にも伝わり、さらに指導が受け入れられにくくなる〈指導の悪循環〉が起こると、事態はますます悪くなりかねません。

この〈指導の悪循環〉を〈指導の良い循環〉へと移行させるにはどうしたらよいのかが、この章の課題です。それにはまず、教師が抱えている子どもや保護者への否定的な感情の取り扱いが問題になります。この否定的な感情は、指導がうまく受け入れられないことから必然的に生じているので、その存在を簡単になくすことはできません。しかし、不用意にまた無反省に否定的な感情に動かされて、〈指導の悪循環〉に陥ったまま抜け出せない事態は望ましいものではありません。その〝子どもや保護者への否定的な感情〟を客観的に冷静に見据えて、それを少しでも減じられるように自らに働きかけることが必要です。

♣心のアドバイザー

臨床心理学の領域で重視されているものに〈スーパービジョン〉があります。初心者がカウンセリングを始める時やむずかしいカウンセリングに出会った時などに、他のカウンセラーに指導を受けることをスーパービジョンと言い、その指導者をスーパーバイザーと言います。スーパービジョンは、一回一回の面接に対する助言をもらうことが大事なだけではありません。スーパーバイザーに自分の行ったカウンセリングの話をすることによって、第三者の客観的で冷静な視点を自分の中に作り出し、カウンセリングをしている時も、心の中のスーパービジョンをし、自分で困難な状況を打開できるようになることがスーパービジョンの意味なのです（P・ケイスメント、一九九一）。

教師も心の中に〈スーパーバイザー〉を持てるようになることは、意味があるのではないでしょうか。〝子どもや保護者への否定的な感情〟にただ振り回され翻弄されるのではなく、心の中の第三者的なアドバイザーに相談しながら、否定的な感情を見据え、取り扱い、コントロールできて、次第に子どもや保護者を好感を持って見ることができるようになります。少なくとも、否定的な感情に圧倒されなくなることは、信頼関係の形成に大変重要なことです。〈スーパーバイザー〉は専門的な言葉なので、本書では〈心のアドバイザー〉と呼ぶことにします。

次節より、〝子どもや保護者への否定的な感情〟の要因として考えられることと、そのような感情への対策を検討していきます。

第2節　教師と子ども・保護者の個性・性格のくい違い

〈指導の良い循環〉に必要な教師の子どもや保護者への好感、ある程度の〝肯定的な感情〟は、関係を作っていく途中で形成されるというだけではなく、初対面から生じることも多いのです。そこには、教師と子ども・保護者の個性や性格が関係している部分が大きいのです。

♣似た者同士に好感

人間は、自分の持っている要素を人が持っていると好感を抱く場合が多いものです。自分が音楽やスポーツを好きなら、同じ音楽やスポーツを好きな人に対しては好感を抱きます。初対面でお互いの趣味や関心事の話題になった時に、同じものを好きだったり、興味を持っているとわかると、突然相手に好印象を抱くことはよくあることです。

これは、趣味に関してだけではなく、性格についても同様に、人は似たような性格の人に好感を持つことが多いものです。引っ込み思案な人は、同じような引っ込み思案な人を見ると、好感を持つことがあります。その人が引っ込み思案という性格で、どのような辛い目に遭ってきたかが容易に想像できて、共感しやすいからです。社交的な人は、同じような社交的な人を見ると、どういう時にどのような気遣いをすることが多いか、社交的であることでどんなよいことがあるかなどについて、同じような体験を速やかに共有できるのです。

このように、個性や性格が似ているということは、話題が尽きないこと、同じような体験を共有できること、相手の気持ちがよく予測できたり理解しやすいことから共感がしやすいこと、人としての相手を受け入れやすいことなどから、お互い好感を持ってかかわることがしやすいといえます。

逆に、好感を持てない場合は、お互い個性の接点がなくて話題が見つかりにくいとか、性格が違い相手を理解しにくいことが多いのです。せっかちな人は、のんびりした人と生活を共にするととてもイライラします。社交的な人は、引っ込み思案な人を見ると、なぜもっと人の中に飛び込み人とかかわろうとしないのか理解できず、イライラしてしまいます。要領がいい人は、要領が悪い人を見ると、その要領の悪さにイライラしてしまうのです。

☘客観的で正確な評価

教師が気をつけなければならないのは、子ども一人ひとりとの性格の相性を、客観的な評価と混同しないことです。教師は、成績や性格を評価し通知表をつけるというパワーを持った存在です。自分がせっかちだと、のんびりした人を過小に評価し、その人らしさとしてそのまま受け取ることができずに、「行動が緩慢で動作がきびきびとしていないので、みんなの足を引っ張ることも多く、協調性に欠ける」などと、行動特性だけを見てマイナスに評価してしまいがちです。これは、パワーハラスメントに近い事態が生じていると考えたほうがよいでしょう。のんびりした人はのんびりした人なりに、動作も気をつけているし、給食も自分なりに早く食べているし、みんなの足を引っ張らないように努力もしているのです。そのような努力がせっかちな教師には見えにくいところがあります。性格は、自分にとって空気のように働いているので、当然他者も同じように心が働いていると考えて相手に応対しがちです。ですから、のんびりした人が被る損害や苦労について、せっかちな人は理解しにくいという意識は、教師にとって絶対に必要です。子どもや保護者にとっては、教師と性格や個性が合わないからといって低く評価されたら、たまったものではありません。個性や性格の違いを割り引いた上で、正確に評価はなされなければなりません。

もし初対面で子どもや保護者に好感を持てないという感情が起こったら、自分の〈心のアドバイザー〉に、「この反感は、自分と子どもや保護者との性格や個性の違いからきているのではないか」と問いかけ、そのような事態が明らかになったら、性格の違う人の立場に立ってものごとを考えるようにして、その人の抱える苦労や辛さについて想いを馳せることで、信頼関係作りをしていけるかもしれません。

【事例3−1】〝落ち着きのない子〟と上手くかかわる先生

ある小学校にＡＤ／ＨＤ（注意欠陥／多動性障害）の子どもが四人もいるので、教育委員会に申請をして、加配の先生を配置してもらった。その加配の先生は、落ち着きがなくなかなか人になつきにくいＡＤ／ＨＤの子どもたちと比較的速やかに関係を作ることができて、そのような子どもたちにとても好かれる先生だった。そこで校長は、その先生に、どうしてそんなに上手にＡＤ／ＨＤの子どもにかかわれるのか聞いてみた。するとその先生は、自分は実はＡＤ／ＨＤのような子だったのですと、次のような話を聞かせてくれた。「僕は小さい頃から、親にも先生たちにも、落ち着きがない、集中力がない、忘れ物が多い、物覚えも悪いと散々言われてきたのです。だから昔から親や先生に説教されることがいやでいやでたまらないので、逃げ回っていました。そのことがまたさらに言うことを聞かないと叱られてどうにもなりませんでした。ところが、小学校五、六年の担任の先生が、こんな僕を大好きだと言ってくれて、僕はその先生が大好きで僕の人生は救われました。だから絶対小学校の教師になろうと思ったのです」

ＡＤ／ＨＤの子どもは、多くの〝落ち着きのある〟先生をイライラさせ、疲れさせるのですが、子どものほうも性格が違う先生に叱られるととても辛い思いをしているのがわかります。ところが自ら〝ＡＤ／ＨＤ〟と自認する教師から見ると、ＡＤ／ＨＤのような落ち着きのない、集中できない、忘れ物の多い、もの憶えの悪い子どもは、自分に似ている可愛くていとしくて好感の持てる存在となるのです。最初から好感を持ってそのような子どもとかかわる教師は、子どもから見ても自分が理解され好かれているということがわかりますから、子どもはそのような教師になついていくのです。改めて子どもは好かれることが必要だと思わせるエピソードですね。〈指導の良い循環〉が、子どもや保護者が指導を受け入れてくれるからという理由ばかりでなく、教師の性格や個性からも形成されるという例です。実は子どもだけでなく、保護者も好かれたいと思っているのです。保護者は大人だからはっきり好かれたいと口に出すことはありませんが、やはり心のどこかでは教師に好かれたいと思っているのです。

第3節　内向と外向という性格と相性

前節で述べた性格で、教師と子ども・保護者との間で食い違いが問題となりやすいものに、内向と外向という性格へのアプローチがあります。

社交的でアウトドアな教師は、引っ込み思案でインドアで空想癖のある子どもを受け入れるのに困難を覚えることがあります。昼休みにひとり教室で読書をしている子どもを、「みんなと一緒に外でドッジボールをして遊ぼうよ！」と声かけをしても、「外で遊ぶのは嫌いです」と拒否されるとやりにくさを感じてしまうかもしれません。逆に、インドアで読書好きな空想癖のある教師は、子どもや他の教師に、もっと外へ出て一緒に遊ぼうよと言われても、スポーツへの苦手意識が抵抗して気持ちがつらくなるかもしれません。

教師同士でも、一丸となって行動し一致団結して盛り上がりたい教師と、どちらかといえば自分個人の教育の方法にこだわりたい教師との間で、対立が生じることもあります。クラス運営でも、一致団結して盛り上がりたい教師と、個人主義を打ち出しみんなで盛り上がることに抵抗する子どもとの対立は起こりやすいですね。それが学級崩壊への引き金となる場合もあります。

逆に一致団結して盛り上がりたい子どもと、個人を重視したい教師との対立が学級崩壊を引き起こすこともあるかもしれません。読書好きでインドアな保護者が、同じく読書家でインドアな教師と意気投合して話が盛り上がり、お互い好感を持ち合うことができたのに、次の年の担任がスポーツ好きでアウトドアな教師だったために、気持ちが通じ合わずにすれ違ったまま一年を終えてしまったりもするのです。

♣エネルギーの方向性

外向は社交的、内向は内気で引っ込み思案というように、外向がどちらかといえばプラスの性格で、内向がどちらかといえばマイナスの性格のように思われています。しかしもともとは、分析心理学者のカール・ユングが、評価の付随しない、単なる興味や関心、エネルギーの方向性のみを定義したもので、どちらの性格が望ましいということではありません。

外向とは、心のエネルギーや興味、関心が外界に向かっていることを指しており、内向は逆に、心のエネルギーや興味、関心が心の内に向かっていることを示しています。

外向の子どもは、心のエネルギーが外に向かっていますから、基本的に周囲の人が自分に何を期待しているのかを表情などから自然と読み取りやすいのです。また、教室や家庭や学校や世間、あるいは世界で現実に問題となっていることに関心を持ちやすいのです。その結果として、小学校では外向の子どもが教師から重宝されます。教師の期待を汲み取り期待どおりに動いてくれますし、教師が期待することに関心を持ってくれる傾向があるので、助かります。

内向の子どもは、心のエネルギーが内に向かっていますから、基本的に自分の内的な理由から行動したり発言したりする傾向があります。自分に周囲が何を期待しているのかということにあまり注意を払いません。現実の世界で何が起きているかということについて、あまり関心を持たない傾向があるのです。その結果として、国語の授業などで教師や周囲が期待している発言ではなく、みんなが同意しにくい個性的な発言をしたりするので、教師も真意を受け取りかねて、「はい、次の人は?」と内向の子どもの意見を流したりします。外向の人からは、空気が読めない人、現実の世界に関心をあまり持たない人と決めつけられてしまうこともあります。そういうことが内向の子どもの心の傷になっていたりします。そうすると、内向の子どもは自分の感じたことや意見をあまり表出しなくなるかもしれません。

映画を観に行く時に、外向と内向の性格の差がかなりはっきり現れます。外向の子どもは何の映画を観るかということより、友達と一緒に観に行くことが大事だったり、その後食事をしたりすることを楽しみにしています。自然に友達の気持ちも気遣い、世間の流行や一般的な感覚にも鋭敏なので、その時々に流行っている映画、『E. T.』とか『世界の中心で愛を叫ぶ』『パイレーツ・オブ・カリビアン』など、みんなが観に行きたいと思う映画を自然に観に行きたいと感じる傾向があります。

内向の子どもは、世間の流行や一般的な感覚、他者の期待などよりも、自分の内的な感覚にこだわるので、どの映画を観るのかに徹底的にこだわる傾向があります。その結果、内向の子どもの観たい映画は、メジャーなロードショー映画というよりも、マイナーでインディーズ系の、誰も知らないようなアフリカ映画とかスカンジナビア映画になる傾向があります。外向の子どもはそのような映画にはほとんど関心を持たないので、内向の子どもは、ほとんどの場合ひとりか、あるいは内向の子ども同士で映画を観に行くことになります。クラスの子どもに好きな映画を聞くと、大まかにどの子どもが外向で、どの子どもが内向かわかるのです。

♣行動特性の違い

外向の子どもに現れやすい外向的な行動特性の長所は、社交的でよく他者の気持ちに気がつき、パーティや懇親会で自分を発揮することができて、協調性もあり、人に合わせられるというところです。逆に外向の子どもに現れやすい外向的な行動特性の短所は、個性がない、表面的である、人の顔色をうかがってばかりいる、八方美人で見栄っ張りで薄っぺらであるように見えるところかもしれません。

内向の子どもに現れやすい内向的な行動特性の長所は、自分の感性や好み、個性に対して敏感で、人とは違う個性や独自性を持ちやすいところです。逆に内向の子どもの内向的な行動特性の短所は、独りよがりで独善的自己中心的、人の気持ちがわからない、引っ込み思案で根暗、わがままで自分勝手と見えるところかもしれません。

誰もが外向するエネルギーも内向するエネルギーも持っているので、外にまったく気を払わない人もいなければ、外に合わせてばかりでまったく内向しない人もいません。一方相性を考えると、かなり性格が異なる者同士は、観察できる行動だけを見て判断して、お互いの性格を欠点として否定的にとらえてしまうところがあります。外向の人から見ると、内向的な人は、独りよがりで独善的自己中心的、人の気持ちがわからない、引っ込み思案で根暗、わがままで自分勝手な人に見えるかもしれないし、逆に内向の人から見ると、外向的な人は、個性がない、表面的である、人の顔色を伺ってばかりいる、八方美人で見栄っ張りで薄っぺらに見えるかもしれません。

集団で、外向ばかりの中にひとりだけ内向がいると大変です。家族がみんな外向なのに一人だけ内向の子どもは、小さい頃から自分を引っ込み思案で根暗でわがままで自分勝手だと決めつけられ大変辛い思いをして、自分が自分らしくいられないということも起こります。逆に、家族がみんな内向で一人だけ外向の子どもは、小さい頃から自分が表面的で見栄っ張り、個性がなくて薄っぺらだと決めつけられ辛い思いをしている可能性が高くなります。

♣外向の教師・内向の教師

このような外向と内向という性格のアプローチを学校場面で考えてみると、教師にも内向の教師と外向の教師がいるということです。

外向の教師は、どちらかといえば子どもに協調性やみんなで楽しむこと、クラスを大切にすることを期待する傾向にあります。ですからクラスのためによかれと思ってピクニックなどを発案します。すると外向の子どもが賛成してくれます。ところが内向の子どもは、ピクニックや外出が嫌いだと、それをはっきり教師に公言し、僕はピクニックになんか行きたくないと宣言したりします。その教師にとって内向の子どもは扱いにくい、協調性のない子どもとなっていくのです。

内向の教師は、もちろん教師として協調性なども大切にしますが、どちらかといえば子どもに個性的であってほしい、独自の感性や趣味を発展させてほしいと思う傾向にあります。ですから誰も知らないような作者の本を読んでいたり、誰も知らないような映画を観ていたりすると、特別にそういう子どもに関心を持ったり高い評価をしたりします。一方、外向の子どもはそのような個性を持っていないように見えてしまい、低く評価してしまう危険性もあります。すると外向の子どもたちは、一丸となって担任批判をし始めるかもしれません。

このように、ある特定の子どもを、やりにくい、扱いにくい、共感しにくい、どうしてもイライラさせられてすぐ叱ってしまうと感じる場合、それがお互いの性格の違いの結果かもしれないという視点を持ってみることをお勧めします。もしそうなら、無反省に性格の違う子どもを問題扱いせず、自分とは異なる性格に関心を寄せ、そのような個性や性格を受け入れていく努力をしてみましょう。〈心のアドバイザー〉の働きによって、性格の違いによる〝否定的な感情〞の存在が明らかになった時には、自分の否定的な感情が相手にとっては非合理でいわれのないものだと意識することで、〝否定的な感情〞を弱めたり逸らしたりすることが可能になるでしょう。お互いの性格の違いを認め合い、相手を見直す努力をすることで、〈指導の悪循環〉が好転し、それほどイライラせずにお互い付き合うことができれば、〈指導の良い循環〉も夢ではありません。

第4節　指導と共感のバランス感覚

〈指導の悪循環〉に陥ってしまっている要因のひとつに、指導と共感のバランスの悪さがあります。生徒指導は英語で guidance and counseling と表記されるように、指導と共感は生徒指導において表裏一体なのです。しかしそのバランスが狂って、指導に偏ってしまうと、指導がなかなか受け入れられずに、指導すること自体が逆効果になってしまう危険性もあるのです。

♣肯定的な感情を呼び出す

そもそも子どもや保護者に好感を持っていない場合、指導する際にも、今まで受けたイライラなどの〝否定的な感情〞が思わず顔を覗かせてしまい、どうしても口調も強めに眉間に少し皺を寄せて、不快感を漂わせて指導をしてしまいがちです。すると子どもや保護者のほうも、指導の内容を受け止める冷静な気持ちよりも、教師に〝否定的な感情〟をぶつけられている不快感が溢れてきて、叱られ怒鳴られていること自体を納得できない気持ちでいっぱいになり、「あなたには言われたくない」と、指導を受け入れる気持ちにはならないのです。

このような〈指導の悪循環〉を〈指導の良い循環〉へと回転させるためには、今この場を支配している〝否定的な感情〟ではなく、〝肯定的な感情〟を現出させなければなりません。そのひとつの方法は、指導されている子どもや保護者への共感の気持ちを教師が表すことです。しかし中途半端に共感を伝えると、毅然とした態度でものごとを理解させ判断させる指導そのものが緩んでしまい、子どもを甘やかすことにもつながりかねません。そのあたりの指導と共感のバランスがむずかしいのです。

たとえば、子どもが忘れ物をよくすることで保護者も困っているとします。そのような子どもを指導する方法としては、忘れ物をしないことは将来大人になった時にとても大事だと諭したり、ちゃんと忘れ物をしない時もあったじゃないかとプラスの経験を想起させたり、具体的に朝起きてからすべき手順を例示したり、がんばってみなさいと励ましたり、いろいろな指導法があります。ここでは単純化して、忘れ物をしないように指示することを基本にします。

【事例3−2】　毎日のように忘れ物をする子ども1

教師は、忘れ物を毎日のようにする子どもを放課後職員室に呼び出した。

（子どもは職員室に呼ばれたことにただならぬ気配を感じ、重い気持ちのままに職員室に入っていった。）

教師は、パソコンで行事のレジメを作っている手を少し休めて、子どものほうを少し向いて、最近忘れ物が多いことを指摘した。

（子どもの表情は「その話か」とかすかに曇った。）

教師は、毎朝家を出る前にチェックしているかどうかを訊ねた。子どもは小さい声で自信なげに頷いた。それならなぜ忘れ物があるんだと少し揶揄して、毎朝のチェックをしっかりするように指示した。

（子どもはさらに下を向いて小さく頷いた。）

教師は「ほら、しっかり顔を上げて先生の目を見ながら答えなさい」と言い、子どもは慌てて教師の目を少し怯えながら見つめ、明日の朝は確かめますと答えた。最後に「じゃ明日しっかり忘れ物をするなよ」と励まして、教師は面談を終えた。

（子どもは職員室の帰り道、叱られた後の暗い気持ちを引きずり、とぼとぼと歩いて帰宅した。）

【事例3－2】の（ ）内の記述は、教師がはっきりと気づいていないか、気づいていてもとくにそのことに対処したり言及したりしていない子どもの様子です。この事例の教師の指導を、本書の鉄則を用い、〈心のアドバイザー〉の助けを借りて、共感を含む指導へと変えてみましょう。

【事例3－3】 **毎日のように忘れ物をする子ども2**

教師は、クラスの子どもAが最近毎日のように忘れ物をして、毎朝指摘しているのに、言われても言われても忘れてくるAにかなりイライラを感じ始めていた。しかし、一方で〈心のアドバイザー〉に相談し、イライラがAにも伝わり、忘れ物をしないようにという指示そのものがAに不快な体験を与え、忘れ物が減らない原因のひとつにもなっているのではないかということに気づいた。そこで朝の忙しさの中ではなく、ゆっくりと子どもと向き合う時間を取ろうとして放課後に面談を行うことに決めた。Aに声をかけて放課後職員室に来るように伝えると、Aの表情が少し怪訝な様子の後不安げに曇った。そこで、「どうした、心配か？　心配することはないよ。先生がついているから大丈夫！」と満面の笑みをたたえ、Aを安心させた。

放課後、Aが職員室を訪れると、職員室では落ち着いてゆっくり話せないと思った教師は、前もって押えていた面談室へAを導いた。部屋に行く途中、〈心のアドバイザー〉は、《鉄則2・雑談が大切》を思い起こし、教師はAが得意なサッカーの話題を話しかけ、Aがその話題に乗ってワールドカップの話をし始め、少し曇った表情が明るくなっていくのを見て、少しほっとした。面談室に入ってもまだ雑談をやめない先生に、Aから「今日話があるんじゃないの？」と切り出し、「そうだったな」と、最近忘れ物が多いことを切り出した。とたんにAの表情が曇りだした。〈心のアドバイザー〉は《鉄則3・今ここでの気持ちに共感》に基づき、「この話題はちょいいやか？」と聞くとAは軽く頷いた。そこで「いやな話をするのは気が重いな」と言うとAはさらに強く頷いた。「何度も何度も同じこと言われたら誰だって腹立つもんな」と言うと、Aの顔が少し元気になってきた。

心のアドバイザーは《鉄則4・過去の心の傷に共感》に基づき、「忘れ物についてお母さんやお父さんはなんて言ってる？」と尋ねると、しばらく沈黙して教師の顔色をうかがって、問い詰める雰囲気がないのを見て取ると、「お母さんは怒る」と小さな声で言う。「お母さんは怒るんだ」と繰り返して子どもが話すのを待つ。するとさらに顔色をうかがって批判の色がないのを確認してから、「でもお母さん、朝は何も言わない」とA。教師はAが忘れ物を母親のせいにしようとしているのを感じる。

『忘れ物を人のせいにしないで自分が気をつけろ』と言いたい気持ちを抑えて、「お母さんは朝忘れ物がないかチェックしてくれないくせに、先生に忘れ物が多いですよと言われるとAを怒るんだね。それがAには納得いかないんだね」と言うと、Aはわが意を得たりとばかりに大きく頷く。〈心のアドバイザー〉は、ここで強く指導するよりも、共感が成立して、Aが教師に気持ちをわかってもらったという思いが強いことを重視し、《鉄則5・相談後の気持ちに配慮》を思い起こし、信頼関係を作っていくためには、このまま気持ちよく帰ってもらい、問題は少し棚上げしておいたほうがよいと判断し、話をまとめることにする。

「Aは自分でも忘れ物はなくしたいのか?」と聞くと、Aは頷く。「自分でどうしたら忘れ物はなくなると思う?」と尋ねると、Aはしばらく考えて、「わからない」と言う。「自分ではわからないんだね」と言うと大きく頷く。「じゃとりあえずどうしたらいいかをこれから先生と一緒に考えていこうか?」と聞くと、Aは大きく頷く。「じゃ今日の話はおしまい」というとAはほっとしたような表情になり、「先生またサッカーしようよ」と元気に言う。「先生はまだまだAには負けないぞ。覚悟しておけよ」と言うと、「絶対先生には勝つ」と叫び、「さようなら」と学校を後にした。

♣共感の割合を増やしてみる関係

指導に共感を用いるほんの一例ですが、【事例3－2】とはだいぶ違う雰囲気であるのはわかります。誤解してほしくないのは、【事例3－2】が悪い例ということではありません。【事例3－2】のように叱咤激励型の指導で上手くいく子どもなら、それでかまわないのです。一方、【事例3－3】がかなり心のエネルギーを使うのがわかるでしょう。叱咤激励したり励ましたり叱ったりしても指導が入らず、信頼関係が深まらない場合にかぎって、共感の割合を指導の中で増やしていくことが必要になるのです。共感を用いるコツは、子どもや保護者が、「そうです。私はそういう気持ちなのです。わかってくださってありがとうございます」と感じるような言葉かけをすることです。

さまざまな事例を思い浮かべて、どのくらいの指導と共感のバランスが適切なのか、いろいろ考え、そのバランス感覚を養っていくことが、教育相談の技術を高めます。

第5節　指導における共感を用いたかかわり――不登校生徒の事例から

本節では、稲塚（一九九九）の不登校女子生徒との初回面接の事例に基づいて、不登校生徒との初期対応について考えてみます。（　）内が筆者のコメントです。

【事例3―4】　**不登校女子生徒への初期対応**

カウンセリング機関では、面接は通常予約制で行う。A子の母親からカウンセリングの申し込みの電話が入ったのは、A子が中学校二年生の秋のことである。母親は、A子が一学期の半ばから学校に行っていないことを早口で語った。およそ二週間後に初回面接の運びとなる。

・**初回面接**

予約日の約束の時間、カウンセラーが待合室に迎えに行くと、ひとりの小柄な少女がうつむいてソファに座っていた。

（うつむいているということは、気分がすぐれないか体調が悪い、この面接にあまり積極的ではない、あるいは無理やり連れてこられて帰りたいのか？）

彼女からやや距離をおき、不安そうな面持ちの母親の姿が見える。カウンセラーが自己紹介すると少女はわずかに頭を上げた。上目づかいでカウンセラーの顔をちらりと見るとすぐさまぎこちなく顔を背ける。

（母親はとても不安なのだろう。カウンセラーをちらりと見たのは関心を持ってくれているみたい。見た印象はよかったか、悪かったか？　すぐに顔を背けたのは、まだ関心があると思われたくない？）

周囲の様子をじっと窺うような大きな黒い瞳が印象的である。

（黒い大きな瞳はカウンセラーにとって印象的で心を引かれた。好感を持てた。）

母親にはまずA子と話したい旨を伝え、しばらく待っていてもらうことにする。

（まず自分はA子のカウンセラーであるということをふたりにわかってもらうために母親より先にA子と面談をしよう。母親は少し冷たく感じるかもしれないが、カウンセラーはA子にこそ関心があると感じてもらうために、母親には最初は待ってもらおう。）

面接室に向かう長い廊下を、A子はカウンセラーの後ろを、距離をとり、足を引きずるようにゆっくりと歩く。

（こんなに距離をとり、足を引きずるように歩いている。よっぽど面接室へ足を向けたくないのだな。面接を重く感じているか、悪い予感がしているのか、トラウマがあるのか？）

初めて来談した際に記入してもらう申込用紙には『相談したいこと』として「学校に行っていない。なんとかしたい」と母親が記述していた。

（母親が記入しているだけなので、本人のカウンセリングへの意思は確認されてない。）

以下、「　」はクライエントの言葉、〈　〉はカウンセラーの言葉を示す。

〈A子さんね。私は＊＊です〉面接室で向かい合って座り、カウンセラーが改めて自己紹介すると、A子はゆっくりと頭を上げた。一瞬ではあるがカウンセラーにまっすぐな視線を向け、再び目を伏せる。

（かなり緊張している。しかしまっすぐな視線に少し期待もしてくれていそう。）

〈こんにちは〉「こんにちは」押し殺したような小さな声が返ってくる。〈今日はどういうことで来たのかな？〉「……」ぎゅっと体を硬くして椅子に浅く腰掛けるA子は、全身に緊張を漂わせている。警戒心といってもよいのだろうか。息を殺したような沈黙が続く。

（今までの待合室での様子や、廊下での様子、申込用紙の記載から、本人は相談室に来たくなかったという気持ちだろう。《鉄則3・今ここでの気持ちに共感》でその気持ちにしっかりと共感し、ねぎらってあげよう。）

〈もしかしたら、来たくなかったのかな……？〉A子は小さくうなずくと、また、ちらっとカウンセラーに視線を向ける。〈それは嫌だったろうね〉それとなくつぶやくように言う。またしばらく沈黙。あまり沈黙の時が続いてはA子の緊張を助長するばかりかもしれない。しかし、A子の沈黙には、不安や緊張と同時に、そう容易には心は見せないぞというメッセージが込められているようで、カウンセラーもあえて言葉をかけずに沈黙を見守っていた。

しばらくするとA子はぽつり、ぽつりと話しはじめた。「学校行ってなくて、お母さんと学校の先生（担任）が、相談するところに行ったほうがいいって」

（こちらから聞かなくても、《鉄則4・過去の心の傷に共感》の今まで受けた嫌な思いを自分から話してくれそう。母親や学校にきっと傷つけられた体験があるのだろう。）

断片的に語られたA子の話をまとめると次のようである。中一の終わりに父親の転勤に伴い、現在の中学に転校。中二の六月頃から学校を休みはじめた。

（転勤やそれに伴う転校は、子どもが転勤に対する反対したい気持ちをどれだけ親にぶつけて、最後は納得してしっかり別れの儀式もして新たな生活に前向きな気持ちで引越ししてきているのかが、新しい生活への適応に大切だ。きっと彼女はそれができてないのかもしれない。大切な友達との別れがあるのかも。）

担任が何度も家庭訪問に来た。わざわざ家まで来てくれるのだから会わなくては悪いと思い、顔を出したが、『何か悩みがあるんじゃないか？』と何度も聞かれた。A子にしたら、なぜ学校に行けないのか自分でもよくわからない。

（担任の家庭訪問に会わなくては悪いと思うなんて、きっと律儀でまじめで人を傷つけたくない思いやりの強い子なんだな。この気持ちに担任が気づいていればよかったのに。『何か悩みがあるんじゃないか？』という質問は、不登校の子どもの気持ちを追い詰める最悪の質問かも。少なくともその時点で《鉄則3・今ここでの気持ちに共感》を担任が用いて、『ごめん、悩みがあるんじゃないかって聞かれても困るよね。自分でもよくわからないんだよね』と言ってあげたらまだよかったかも。）

担任の勧めで、母親につれられ、一学期の終わりにある相談室に行った。そこでは、担当カウンセラーが年配の男性で、登校できない理由などいろいろ聞かれて、問い詰められているような感じがした。結局一回でやめた。男の人と話すのは苦手である。

〈カウンセラーまで、相談室に連れてこられた彼女の不快感に寄り添ってくれなかったなんて、かわいそう。年配の男性は本当に苦手なんだな。このカウンセラーも《鉄則3・今ここでの気持ちに共感》を用いて、『ひょっとして年配の男性は苦手かな？』と聞いてあげればよかったな。ましてや問い詰めては逆効果だな。前の相談室でこんなに傷つけられていたら、どんなにかここに来るのも気が重たかったか、本当によくわかった。そのことを伝えて共感してあげたい。〉

A子の話し方は淡々として、事実（あったこと）をぽつりぽつりと並べる。表情ひとつ変わらないのだから、そこには、おそらく簡単には言葉で表せない、さまざまな感情が含まれているんだろう。それを見せてはなるまいという痛々しいようながんばりがA子には感じられた。〈今日ここに来るのも、またいろいろ聞かれるんじゃないかって、気が重かったんじゃない？〉と言うと、A子はまたじっとカウンセラーを見て、ゆっくりとうなずいた。

ここで、〝風景構成法〟を施行する。

〈ここで面接の緊張を少し緩めたいし、この子がどんな絵を描くのかとても関心が沸いてきたので、描画に誘ってみよう。絵が苦手じゃなければ、描いてくれるかも。〉

幸いにもA子は絵を描くのは好きだという。はじめはカウンセラーの視線を気にしているような落ち着かないようなそぶりも見られたが、しだいに描く作業に集中していく。（略）A子の描いた絵のA子自身による説明は次のようなものである。「静かなところ。樹齢何百年もの木が生い茂っている森があって。この女の子は森に行くところ……。何かを探しに行くのかな。鳥は鷹のようなかっこいいやつ。ぴゅーっと大空を飛んでいる」。――しばらく二人で描きあがった絵を味わった後、〈この絵、あずかっといてもいいかな〉と言葉をかけると、A子は初めて笑顔を見せた。

（絵が好きでよかった。《鉄則2・雑談が大切》の悩み以外の雑談や趣味でつながる道が開けたかも。彼女にどんどん興味が沸いてきた。）

面接室でのA子の姿や描画からはどこか淋しさが感じられた。不登校の経緯やA子のおかれた心的状況については、この時点ではまだ把握しかねていたものの、描画をともに体験したことを通じてA子の中で継続へのモチベーションが動きはじめているという手応えが得られた。A子自身がこれから取り組んでいく内的な作業が、この初めての出会いの中ですでに始まっていることをカウンセラーは感じる。

（彼女は学校に行けない理由がわからない、問い詰められるとてもつらいという気持ちを抱いているので、面接の最後にその気持ちを認めてあげたい。プレッシャーにならないように、しばらくここに来ることを誘ってみよう。悩みを話そうと言うとまた追い詰めるから、一緒に考えようと言ってみよう。考えようと言って絵をまた描いたり楽しい話もしようというニュアンスも伝えてみよう。）

〈何か自分でもわからないことってたくさんあるね。しばらくここに来てみない？　一緒に考えたりしていけるかなと思うのだけど〉と継続を勧めると、A子は静かに、しかし、はっきりとうなずいた。

面接の時間も残り少なくなってきた。〈お母さんと少しお話していいかな〉と聞くと、A子の顔が微かに曇る。カウンセラーが、A子との話の内容は母親には決して話さないと約束し、初回のみ母親と話したい旨を説明すると、A子も納得したようである。

（親と子の間こそ、守秘義務はとても大切なこと。A子との話の内容を母親に話すとわかっていたら、A子はカウンセラーに何も話せなくなるだろう。）

母親の語ったA子の生育歴と現在の状況は次のようである。

A子の家族は、両親と弟（小三）、妹（小一）の五人。A子は幼い頃からあまり手のかからない子だった。これといった病気もせず、ひとりで遊ばせておけば、何時間でも勝手に遊び、親に何かをねだったりすることもない子だった。下の子が生まれて、子どもとはこんなにいろいろ要求してくるものなのかと母親は驚いたという。小学校の担任からは「おとなしくクラス内でもあまり目立ちはしないが、芯はしっかりしている」と言われてきた。同時に「周囲の状況に気を遣いすぎて、自分を抑えてしまうところがあるのが気にかかる」と指摘されたこともある。母親は弟、妹の子育てに追われていた時期で、あまり気にとめていなかった。今回の父親の転職は何か急な事情があってのことのようで、A子の転校に関しても家族で十分に話す間もなく慌しく移動したらしい。現在、母親がA子に話しかけてもA子はほとんど話そうとはせず、母親にはA子が何をどう思っているのかわからない、という。

・第二回面接

一週間後の約束の日、A子はひとりで来室した。待合室ではやはり身を硬くして、緊張した面持ちで座っている。目が合うと、困ったようにはにかんだような表情を示し、今回はカウンセラーのすぐ後ろを歩いて面接室へ向かう。

（まだだいぶ緊張しているな。ひとりで来たこともあるかも。はにかんだような表情は、まだ恥ずかしい気持ちと、少し慣れたのと、両方の気持ちがいりまじっているかな。距離は少し近づいた雰囲気。《鉄則5・相談後の気持ちに配慮》の確認として、前回の帰り道、どんな気分で帰ったか、まず前回の感想から入ろう。）

〈この間、ここに来てみてどうだった?〉「う～ん。別に……来る時の坂道がしんどいくらい、かな」しばらく沈黙があった後、部屋をぐるりと見渡し、思い出したように「何か、ここ初めて来たのに前に来たことがあるような、そんな感じがした」と言うと、ふっと小さく息を吐く。初回に比べ、リラックスして柔らかい感じである。

この回は、A子のほうから学校に行きにくくなった頃のことを話しはじめた。「新しい中学に入ってから、何となく行きにくくなった。何となく嫌」。風邪で数日休んだのを契機に登校できなくなったという。二学期のはじめ頃までは行かなくてはと思い、毎晩、翌日に備えて制服や教科書を準備していた。しかし朝になると、どうしても起きあがれなかったり、起きてもとてつもなく憂うつになり家を出ることができなかった。

〈何となく嫌なのね……〉「うん……」しばらく口を閉ざした後、「全然理由がないってわけでもないんだけど……」と前置きをして、考え、考えしながら、A子は学校での状況について次のようなことを語った。転校後、A子に積極的に声をかけてくる子が何人かいた。声をかけてくれることはうれしかった。だがその後、彼女らが二つの異なるグループに属することになった。A子は一方のグループの子と話している間、他方のグループの子のことがどこか気になっていた。決して孤立しているわけではないのだが、クラスの中で自分がどのグループに入るかがはっきりしない状況が続いたようである。前の学校では小学校から続けて仲の良かった子がひとりいて、その子といつも一緒にいた。A子はひとみしりをするたちで、仲良くなるのに時間がかかる。

（やはり転校前の友達との別れをまだ引きずって気持ちはその子のところにあるな。それにしても女子の人間関係はむずかしい。グループ抗争がこのクラスはきついほうだったみたい。もともと本当に心の通じ合う親友とゆったりと付き合いたい彼女にとって、とてもつらい状況だったろうな。）

〈そんなふうにまわりの人のことを考えていたら何か疲れてしまうね。〉「うん……」おそらく、転校後、誰かと一緒にいても、他の誰かの思惑を考えて楽しめない、周囲の状況にアンテナを張り続けている状態が続いたのであろう。グループへの所属感のなさ、定点の定まらなさは、新しい環境でのクラスや学校へのなじめなさを助長したと思われる。

〈家ではどんなことをしているの？〉「本とか漫画」〈どんなのが好き？〉「○○とか、△△とか、知ってる？」言葉を手探りするようなそれまでの話し方とは異なり、まるで壁に当たったボールが跳ね返るかのように、言葉を投げかけてくる。

（やっぱり雑談はとても大切にしないと。カウンセラーは、悩みを話すことはとてもしんどいことだとわかっている人になろう。無理に悩みを話すこともない。少しずつつらい気持ちも振り返り、楽しい話もして、本や漫画の話に付き合おう。転校前の友達の穴埋めが少しできるかも。）

不登校の中学生との面接を通して、目の前にいる人の気持ちに敏感になること、その人がこの問題で過去に体験した傷に焦点を当てて共感してあげること、雑談や趣味の話はとてもリラックスできたり楽しい気持ちになるので大切にしたいこと、帰り道にどのような気持ちで帰るかはいつも配慮することという、《鉄則2～5》で面接を進めていくことの大切さがわかってもらえたでしょうか。

基本的には、教師は真実さを大切にして、子どもや保護者にどんな指導をしてもよいのです。どんな話も本人によかれと思うことはしてあげたらいいでしょう。ただし、そのような話を聞いている子どもや保護者が、どのような気持ちになっているのか、表情が曇ってきたか、表情が明るくなってきたか、その気持ちを敏感に察知して、必要なら取り上げて共感することが大事なのです。指導と共感のバランス感覚をぜひ養ってみましょう。

第６節　行動をすることと行動を起こしたい気持ちとの違い

〈指導の悪循環〉に陥るもうひとつのケースです。子どもや保護者は、ある行動を起こしたい、あるいは自分の意に反してその行動を起こしてしまう裏の気持ちをわかってほしいと思っています。しかし教師は、行動そのもの、あるいは行動したい気持ちを否定的にとらえて、お互いの言い分がかみ合わず、すれ違ってしまう場合です。

たとえば【事例１－１】では、母親は、息子にどうしてもつらく当たってしまう裏の気持ちをわかってほしかった。ところが、周囲の保護者や教師は、母親のすさまじくきつい叱り方そのものに面食らってしまい、母親が子どもの非行の主な原因ではないかと否定的にとらえてしまったのです。母親は、きつく叱るのをやめなさいと教師に言われれば言われるほど、教師が自分の気持ちをわかってくれないという気持ちでいっぱいになり、子どもをきつく叱ることの正当性を確かめるように、憎い夫を子どもに重ねて子どもを叱っていたのです。その気持ちを理解してもらうことで、子どもに憎い夫を重ねて叱っているという事実に向き合うことができ、叱り方を緩めていけるようになりました。

ある望ましくない行動をしている人に対して、その行動をやめなさいという指示や助言が上手くいかない時には、その人がその望ましくない行動をしている裏の気持ちをわかって共感することで、その人は、初めてやめる勇気を持つことができるのかもしれません。

☘禁煙指導の方法を見直す

禁煙指導もその部類に属します。未成年の喫煙そのものが違法行動に属するので、とにかく喫煙をやめなさい、どうしてやめられないんだ、という指導になりがちです。もちろん喫煙に対しては、揺るぎない、曖昧さを認めない、喫煙をやめなさいという指導でよいのですが、子どもがなぜ喫煙してしまうのか、なぜやめられないのか、なぜあえて喫煙したい欲求に駆られるのか、子どもの言い分や気持ちに耳を傾けてみます。すると、子どももわかってもらえたと感じて、すぐには喫煙をやめられないものの、教師を信頼するようになります。禁煙指導の結果、子どもの教師不信が高まってしまっては元も子もありませんから、指導方法をしっかり見直したいものです。

生徒は大人も吸っているのになぜ吸ってはいけないんだと、反抗的になっている場合もあります。その場合は、飛行機内の喫煙は、航空法で罰せられ、五十万円以下の罰金を科せられること、電車内の喫煙禁止の場所での喫煙は、鉄道営業法四三条で三十万円以下の罰金を科せられること、未成年者喫煙禁止法では、二十歳未満の喫煙禁止、親あるいは親代理の者は未成年の喫煙を制止する義務があること、たばこ類を扱う業者は二十歳未満の未成年が自分で吸うことがわかっている場合は年齢確認をして販売してはならないという内容を規定していること、未成年の喫煙を制止しなかった親あるいは親代理は科料、未成年にたばこを販売した業者には五十万円以下の罰金が科されること、ただし未成年には罰金や科料は科されないことなどの話をすることも、未成年を大人として扱うためにも必要でしょう。

しかし、親や友達との揉めごとでイライラして、どうしてもそういう時はたばこを吸ってしまうという話が背景にある場合はどうでしょう。もちろんたばこはやめなさいと指導する必要はありますが、背景の親や友達とのもめごとの苦しみそのものを解決してあげる対処が必要になります。あるいは禁煙自体が、子どもであれ大人であれつらい道だということを教師も理解し、どのようにしてニコチン中毒から脱することができるのか、真剣に相談にのることも大切です。喫煙をしている、あるいはしたことがある人なら、禁煙がどれだけむずかしいか、成功しないことが多いか知っています。ニコチンが抜けるまでの三〜四週間が勝負であること、一本でも吸ったら元に戻ってしまうので、一本くらいという考えを捨てることなど、禁煙の相談にのってあげることが必要な場合もあるでしょう。

【事例3―5】 たばこを吸いたいと挑発する中学生

ある中学生Aがふてくされた態度で面接室に連れてこられた。なんで自分がこんなところにつれてこられなければならないのかわからないと、鋭い眼光でこちらをにらみつけたり、相談を受ける態度ではなかったが、〈ここに無理やりつれてこられたの? 災難だったね〉〈今まで誰に叱られてたの?〉などと質問をしていると、「B先生がうっとうしい! 同じことばかり言って。こっちだってわかってるんだから、そんなに何度も言わなくていいのに」とイライラを示したので、〈同じこと何度も言われると、信用されてないように感じるの?〉と尋ねると、「信用されてないっていうより、わかっていることは一度でいい。自分でも頭ではわかってるんだ。ただなぜかやめれないだけ」などと心情を話し始めた。

ところがしばらくして、いたずらっ子っぽい顔つきになり、「先生、ここでたばこを吸っていい?

イライラするし、吸いたい」と挑発してきた。筆者は、〈たばこを吸っているの？　二十歳未満なんだから駄目だよ。それにここで吸われたら僕が首になってしまう！〉と、説教にならないようにこちらも少しいたずらっぽく喫煙をやめるように指導をしつつ、生徒への関心を持っているという気持ちを示すために、〈ところで何の銘柄を吸っているの？〉と聞いた。「ピース」〈ピースは渋いね。身近で吸っている人はいないでしょう？〉と言うと、Aは急にしんみりとして、「おじいちゃんのたばこなんだよ。おじいちゃんがよく吸っていた」〈吸っていた？〉「数年前に死んだ」〈おじいちゃんのことを好きだったの？〉「うん」〈じゃ、おじいちゃんの形見だね。たばこに火をつけておじいちゃんを弔ってるんだね。僕の田舎でもお盆になると仏壇でたばこに火をつけるよ。たばこ好きだったご先祖さんのためにね〉「そうなん？　知らなかった。今度お盆にうちの仏壇でもしてみる」このような会話をしながら、信頼関係を作っていった。

Aとの面接で、Aがたばこを吸っているのは、非行少年を演じているのと、イライラ解消と、ニコチン中毒だけではなく、大好きなおじいちゃんに対する弔う気持ちの現れであることが理解できた。たばこが、数年前に亡くなったおじいちゃんの形見のたばこの場合は、たばこを吸うことは望ましくないと伝えていく一方で、たばこを吸うことにおじいちゃんを弔う意味も含まれていることを理解し、おじいちゃんを悼み思う気持ちは大切だと誉めてあげることも必要になります。そのような話を聞いた後はしばらく亡くなったおじいちゃんの思い出話に付き合ってあげるのも大切です。望ましくない行動の背景に、望ましい動機が隠されていることもあるのです。望ましくない行動に目くらましされて、隠された望ましい動機を発見できないと、子どもとの信頼関係を作っていくことがなかなかできません。非行少年少女ほど、裏にある望ましいよい動機を探してあげることが重要なのです。

もちろん、法律違反や悪いとされる行動に対しては、理屈ではなく「駄目なものは駄目」という毅然とした態度が必要な部分もありますから、指導においては迷うところです。毅然とした態度からすると、共感的理解の態度は確かに生ぬるいイメージがします。

♣ゼロトレランス方式

このような時、ゼロトレランス方式が必要な場合もあります。ゼロトレランス方式とは、アメリカで一九七〇年代から始まった学級崩壊の深刻化、学校構内での銃の持込みや発砲事件、薬物汚染、飲酒、暴力、いじめ、性行為、学力低下や教師への反抗などの諸問題が生じた時に、その建て直しのための生徒指導の中で、最も実効の上がった方法です。細部にわたり罰則を定め、違反した場合は速やかに例外なく厳密に罰を与えることで生徒自身の持つ責任を自覚させ、改善が見られない場合はオルタナティブスクール（問題児を集める教育施設）への転校や退学処分を科し善良な生徒の教育環境を保護、また「駄目なものは駄目」と教えることで、規則そのものや教師に対し尊敬の念を持たせ、ひいては国家や伝統に対する敬意や勧善懲悪の教えを学ばせる方法のことです。

最近日本でも、教師への暴力や校内施設の破壊、シンナーや覚せい剤などの薬物依存、暴力事件、窃盗、道交法違反などの問題行動を呈する小学生の問題が取り上げられ、非行の低年齢化が危惧されています。行き過ぎた行動をする子どもの場合は、理屈よりは駄目なものは駄目だという毅然とした態度が一番有効なケースがあります。

そのような子どもの場合、心の中に正義感が十分育っていないか十分働いていないので、外から正義を与えなければいけないのでしょう。しかし、見かけの行動は一緒だったり似ていても、心の中に正義感を持つ子どもは、その言い分をしっかりと聞いてあげなければなりません。ゼロトレランス方式が有効な子どもか、指導と共感のバランスで信頼関係を結んでいける可能性のある子どもか、そこの見極めが大事だということです。

死にたいという気持ちを抱えた子どもの指導の場合も、死にたいという希死念慮が教師を不安にさせるので、「死にたいなんて思ってないで、しっかり生きなさい」という対応になりやすいと思います。しかし、死にたいという気持ちの裏には、家にも学校にも居場所のない心もとなさや、信頼できる人が誰もいない絶望感、将来幸せになれる気持ちがまったくしない見通しの立たなさなどの、たくさんの気持ちが詰まっている場合が多いのです。そのような気持ちをしっかり受け止めてあげることが大切です。教師のみの対応に不安ならば、スクールカウンセラーや教育相談を紹介して、連携しながら支えることも重要です。

第7節　かたくなな拒否や激しい怒りの裏に

教師がかたくなな拒否にあったり、激しい怒りをぶつけられたりすることがあります。教師から見ると理不尽な拒否や怒りの表出だと感じるのですが、保護者や子どもの側から見ると深い心の傷からそのような行動に出ているのです。

【事例3－6】　担任と言葉をかわそうとしない、不登校児の保護者

ある保護者は、子どもが小一の冬に不登校傾向になった時、担任が少し強引に子どもを学校に連れ出して以来完全不登校になってしまってから、不登校のきっかけは担任が作ったと感じて不信を持つようになり、次の学年から担任は変更になったにもかかわらず、教師不信と学校不信から担任とまったく口をきかなくなった。家庭訪問をすると家には入れてくれるのだが、話しかけてもまったく応答はないので、担任も母親には話しかけなくなり、子どもとだけ話をしていた。子どもは話をしていると徐々に気を許してくるのだが、引きこもっている子どもに外でキャッチボールをしようと誘うと、かすかに顔を輝かせるものの、家事をしている母親の背中をちらりと見て、「やっぱりやめておく」と答えた。筆者は毎年その小学校にスクールアドバイザーとして行っていた。その小二の担任には、子どもとのかかわりを続けていくようにアドバイスをした。

小三の担任は、さらに子どもとかかわった。その子どもはガンダムが大好きで、担任もガンダムが好きだったので話も合い、ガンダムのフィギュアを見せてほしいと言うと、子どもは嬉しそうに部屋からたくさんのフィギュアを持ってきて担任に見せた。そこで担任も自分の家からフィギュアを持ってきて見せ合いっこをしているうちに、お互いフィギュアを持って戦いごっこもできるようになり、家庭訪問は楽しい経験になっていき、お互いに好感を持てるようになって信頼関係が形成されていった。しかし、キャッチボールに誘うと、いまだに母親の背中を見て躊躇しているように見えた。そこで担任は、外に出られないのならせめてベランダに出してあげたいと考えて、子どものために心からよかれと思い、小六の学年で取り組んでいた菊の栽培に子どもを誘ってみた。

子どもはガンダムで自分の土俵にあがってくれた担任を好きになっていたので、その誘いにのり菊を一緒に育てるようになった。しばらくして担任は、なぜ小六で菊に取り組んでいるのかがわかった。菊は育てるのがむずかしいのである。子どもも栽培書を読んで育てるのがむずかしいと理解すると、ますます本気で肥料の量を調節し、土の質に気を配り、水の量も調節し、害虫にもよく目を光らせ、担任と二人三脚でがんばった。ある朝起きると咲いている菊を見て子どもは感動して、担任の家庭訪問を心待ちにして、ふたりで育て上げた努力が実になったことを喜び合った。するとその秋から外でキャッチボールもできるようになった。しかし保護者とは一度も言葉を交わすことなしに終わった。

次の年、筆者の研修日に、校長先生のほうから、保護者が来校しているので面談をしてほしい旨依頼を受け、承諾した。ほとんどしゃべらない保護者なので申し訳ないがと前置きをされたのだが、その後二時間半その母親はしゃべり続けたのである。母親の言い分は以下のとおりである。

担任と口をきかなくなったのは、小一の担任が無理やり子どもを学校に連れ出したことではなく、その後で担任が発した一言が母親のプライドをひどく傷つけて、担任への信頼がなくなりひいては学校不信にもなって、二度と教師と言葉を交わすまいと決心したからだった。ところが小三の担任は子どもの面倒を本当によく見てくれたので、感謝していたという。小三の担任への信頼はあったので、担任さえ話しかけてくればいつでも話に応じる用意はできていた。しかし担任が話しかけてこなかったので、話さなかったらしい。

話しても応じてくれないという決めつけがいかによくないかがわかる。それと同時に、小学校の教師はやっぱり子どもに好かれ子どもをしっかり見て、初めて小学校の担任と保護者に見てもらえるということがわかる。

子どもが不登校になって以来、母親自体もほとんど引きこもりのようになっていたらしい。それには理由があった。母親の父はその地方の名士でみんなに頼りにされ、母親の兄もその父を継ぐような立派な人物だった。母親は、自分の子どもが学校に行かなくなったことを知られたくないという気持ちで、親族にも不登校のことを相談することもなく、外出も控えてひっそりと暮らしていたらしい。そのようになってPTAからもほとんど連絡がなくなってしまったが、二回だけ他の保護者から連絡があったという。一度は同じ不登校児童を抱える保護者から、お宅はどうですかという近況を尋ねる電話、もうひとつはPTA主催の会合に関する案内の電話が〝何かの間違いか〟一度だけかかってきたという。

筆者は、母親がもうすでに担任と言葉を交わす気持ちになっていることを確認し、担任との橋渡しの役割をすることを保護者と了解し合い、担任に母親の気持ちを伝えた。

♣連絡を取り続け、ネットワークから落とさない

この母親はとても傷つきやすい人で、その背景に親族の問題も絡んで、親としてあるいは人としての自信を持てないような経緯があったのです。そのような背景を知らない小一の担任の一言に深く傷つき、教師不信、学校不信が始まったといえます。その傷を癒してくれたのが、小三の担任の子どもへの献身的なかかわりだったのです。

この母親はそもそも背景に人間不信があったのだと思います。しかし自分の傷つきやすさも含めて傷を癒してくれる人を求めていたのでしょう。でも自分から救いの手を伸ばす勇気もありません。人が手を伸ばしても、それを素直に受け取ることもむずかしかったのです。このような傷つきやすい母親に対しては、根気強く、拒否の態度に負けずに声をかけ続け、母親の言い分に耳を傾けていく態度が必要です。不信感をあらわにして言葉かけを無視する保護者に寄り添っていくためには、まず《鉄則3・今ここでの気持ちに共感》の、今ここでの母親の気持ちをしっかり言葉にしていくことが大切なのです。このような母親に

対しては、ゆっくりと「何か今まで受けたひどい仕打ちや言葉によって、私の話に答える気持ちにはなれないのですね」とか「深い傷が心の底にあり、私の話に答える気持ちになれないのですね」といった、少なくともうなずいてもらえる言葉かけから始めたらいいでしょう。話を拒否しているように見えても、保護者の心の中ではいろんなことを感じ考えているのです。そのような保護者の心に届く言葉をかけ続けることができたらと思います。

筆者はＰＴＡ対象の講演の時には必ずこの保護者の話をして、どんなに会合に参加されない保護者でも、電話をしても無視されたり拒否されたり、もううちには連絡はいりませんとすごまれたりしても、しっかり筋を通して連絡を取り続け、救いの手を伸ばし続けることの大切さを説いています。人間不信に苛まれている保護者も子どももいるのです。そういう人こそ救いの手を心底では望んでいます。そのような孤立している保護者こそを救う教育のネットワーク作りが急務だといえます。

もちろん、このような拒否に会うと、拒否されることによる教師のショックやストレス、自信喪失、拒否する保護者に対する不満や疑惑、怒りや無視をされることそれ自体に存在する不快感などの否定的な感情を持ちます。このような感情を保護者に向け返すと喧嘩になってしまい、不信感を強めることにもなります。否定的な体験がもたらすストレスをなんとか発散・解消して、新鮮な気持ちで保護者と向き合い前向きに付き合い続けていくゆとりが教師には必要です。小説『神様からひと言』（荻原浩著）の「お客様相談室」でのクレーム処理の技術を参考に、激しい拒否への対処法を考えてみましょう。

怒鳴り散らされた時は、まず謝罪の言葉をしっかりと口にする必要があります。こちらが悪いと思っていなくても、まずこのような事態になってしまったことを謝る必要があると筆者は思います。

第二に、相手の口を塞がず、相手の言い分を相手が最後まで話し切るまで口を挟まずに聴き続けることも大切です。じっくりと相手の話を聴きながら、相手の気持ちを知り、相手の立場を理解し、相手が自分に何を伝えたいのか、何をわかってほしいのか、どうしてほしいのかなどをしっかり把握するまで聴き続けます。途中で「でもね、お母さん、こちらにも立場がありまして」などと決して口を挟まないということです。こちらの言い分を言えば、相手には言い訳にしか聞こえません。

第三に、こちらは感情的にならずに冷静に対処をするということです。冷静でなければ相手の気持ちや言い分、こちらに何をしてほしいのかを正確に把握することは不可能です。

第四に、わざわざ足を運んでくれて、話をしてくれたことに対して感謝の気持ちを表します。もちろん慇懃無礼にならないように気をつけなければなりません。とにかく話をおうかがいして、これから十分に検討しますと相手に伝えます。相手が感情的になっている時には、決してこちらの言い分は相手に伝えてはなりません。相手の話をしっかりと聴くことがもっとも重要です。そこまで怒るということは、その人の人生がかかっていることもあるでしょう。怒鳴り散らされることで、こちらも感情的にはかなり巻き込まれ動かされますが、とにかく相手が満足するまで話を聴き続けることが大切です。

拒否され、攻撃されることで、その保護者や子どもに向き合い続ける意欲をなくしてしまったら、教師として死んでしまうことになります。教師として、意気消沈することなく、元気を回復して、拒否し攻撃してくる保護者や子どもに生き生きと向き合い、救いの手を伸ばし続けていくことが必要なのです。このような保護者や子どもにこそ出会えてよかったと、元気に向き合っていく教師になれたらいいと思います。拒否され攻撃されても、自分のできること、すべきことを、筋を通してし続けること、自分が担任の時に気持ちが伝わらなくても、いつか気持ちが通じることを信じて努力し続ける執念と持久力が必要です。

そのために必要な教師のメンタルヘルスについては次章で述べようと思います。

第4章　教師のメンタルヘルスと教育相談の技法

第1節　疲れ・ストレスの解消と三つのR

今、教師は疲れています。教師は日々、教師間、保護者や子どもとの間、授業やたくさんの校務分掌を抱え、ストレスに曝され、身も心も疲労困憊のまま、鞭打って仕事をしていると言っても過言ではないでしょう。そのような状態は人間として決して望ましいことではありません。ここではまず、ストレスを解消して、元気に明るく前向きに日々を暮らすために、三つのR（リラクセーション・リクリエーション・リフレッシュ）の効果的な使い方を学びます。

子どもや保護者にとっても、担任が身も心も疲れさえない表情で授業をしたり、子どもとかかわったり、保護者と面接している様子はあまり好ましくありません。たとえ自分の家はいろいろストレスに曝され居場所がないとしても、学校で教師の朗らかで健やかな顔を見られることは、子どもにとっても保護者にとっても望ましいことです。その意味で、教師は子どものため、保護者のためにも、心と体の健康を保つことが期待されています。

暗くてつらい人生を歩んでいる子どもや保護者にとって、明るさと朗らかさ、前向きさを強要されることは、好ましいことではありません。教師が明るく朗らかで前向きに生きていることと、教師が明るく朗らかで前向きであることを強要することは一緒ではありません。正反対と言ってもいいでしょう。自分自身が暗くてつらい人生を送っているのに、教師としての建前で明るさと朗らかさを子どもや保護者に求める教師ほど、暗くてつらい子どもや保護者の様子はまるで自分自身を見ているようでつらくて、かえってそのような子どもや保護者に厳しくつらくあたり、明るさや前向きさを陰険に押し付けてしまうような危険もあるでしょう。

教師として、心の底から自分の身も心も健康だと思えるほどに、体と心の健康に気を配る必要があります。

筆者の敬愛する小児科医・精神分析家のウィニコットが、セラピストに必要な態度として、〈注意深くありなさい（Be aware)〉〈目覚めていなさい（Be awake)〉〈健康でいなさい（Be well)〉と言ったことは至言です。

教師も、身と心を健康に保ち、心を平穏に平静に保ち続け、子どもや保護者の心のよき鏡としてあり続けることが大事です。また、疲れや不眠や心の問題で意識が子どもや保護者に向かないようにならず、いつもはっきりと目覚めた状態でいることも必要です。その上で、子どもや保護者の顔色の変化や態度の変化などを注意深く観察して、ちょっとした変化に気づき、すぐに適切な対応が取れる柔軟さを持つことが大切です。

子どもや保護者の面談を、日ごろの忙しい仕事の間に挟み、イライラを引きずったまま面談に望んでいないか、いつも自己チェックするといいでしょう。日ごろの忙しさのままに面談に入ると、どうしても子どもや保護者のちょっとした発言や行為に必要以上にイライラして、相手にも不快感を与えてしまう危険性が高まります。面接の前には、一〇分ほど誰もいない部屋で次に述べるリラクセーションをして、心身ともにリラックスした雰囲気で始めることが望ましいです。

第2節　簡単なリラクセーションの技法

筆者が教員のためのカウンセラー養成講座で必ず最初にするのがリラクセーションの技法の実践です。カウンセラー養成講座のメインはロールプレイによる共感のトレーニングですが、最初にするこのリラクセーションは、後で述べる粘土と並んで一番評判がよいのです。畳の部屋で行い、終了して目を瞑って横たわっていると、ほとんどの教師が、普段自分がいかに疲れているのかがわかるとか、このまま眠り込んでしまいたいなどの感想を述べてくれます。学校ではがむしゃらに働いている教師が、自分がいかにぐったりと身も心も疲れているかが身に染みる瞬間です。

ごく簡単な技法としてここでは赤塚・森谷（一九九三）のセンサリーアウェアネスと心身のリラクセーションを紹介します。

(1)　スラッピング（軽く叩くこと）

最初に、直立姿勢をとり、自分で自分の身体を軽く叩くことにより、身体の感覚を覚醒させてみます。頭の上から足の先までを、全身スラッピングすると、スラッピングした部分の神経は目覚め、血行がよくなり始めます。少しの間、スラッピングをしたら、スラッピングを中断して、どんな感じがするか振り返ってみます。その感じを言葉で表現してみましょう。

続いて、リラックスした直立姿勢で、ゆったりと深呼吸をします。そして今度は、自分の手のひらに、自分の身体に対する豊かな思いやりを込めてスラッピングしてみます。身体の感じ、手のひらの感じを敏感に感じ、その感じを味わってみてください。デリケートな顔の部分も、強さを考えながらスラッピングしてみます。自分にとって快適なスラッピングができれば、緊張しないで自然に呼吸ができているはずです。


私たちは普段、自分の身体を忘れて仕事に打ち込んでいます。仕事に追われていると、つい自分の体が疲労しているということも忘れ、体をいたわらずに酷使してしまっているのです。日々体を酷使し、酷使していることにすら気づかずに酷使し続け、いたわらずにいると、体が悲鳴を上げ始めます。

最近心身症や身体化障害の問題がよく取り上げられるようになりました。呼吸器系疾患として、気管支喘息、過呼吸症候群、循環器系疾患として、高血圧、狭心症、心筋梗塞、不整脈、消化器系疾患として、胃・十二指腸潰瘍、嘔吐、過敏性腸症候群、内分泌・代謝系疾患として、糖尿病、甲状腺機能亢進症、摂食障害、神経・筋肉系疾患として、頭痛、書痙、自律神経失調症、皮膚系疾患として、アトピー性皮膚炎、円形脱毛症、婦人科領域疾患として、生理不順、月経前症候群、更年期障害などがあります。もちろん、右に取り上げた病気の中でも、ストレスや心理社会的要因が比較的少ない体の病気もありますが、その病状の進退にストレスがかかわっていることも多いのです。

このような病気を予防するためにも、食生活や住環境などを改善するとともに、ストレスを避けたり解消したり、ストレスの元となる問題を解決したり、リラクセーション技法を習得して毎日実践することが必要になるのです。

その前に、自分の体を普段から意識して、少なくとも疲れているかどうか、体が重いか軽いか、体のどこに違和感があるか、頭なのか、首や肩なのか、胸や背中なのか、胃やお腹なのか、筋肉なのか、体に意識を集中して、体を気遣い、体をいたわり、体の欲する休息や世話を与えてあげることが大切です。

(2) 身体の力を抜き、太陽エネルギーを吸い込む

上を向いて寝そべります。両足は肩幅くらいに自然に開きます。そして手のひらを上に向けて、両腕は身体から少し離した位置に置きます。次に、頭から足の先まで順に力を抜いていく。力の抜き方は、慣れないと意外にむずかしいものですが、身体のその部分にいったん力を入れてからゆっくりと抜くという順番でやると、力を抜いた感じがわかりやすいでしょう。

力を抜く身体の部分は、次の順番でやってみるとよいでしょう。

目の力を抜く（ぎゅっと目をつむってからゆっくりと力を緩める）
↓頬の力（頬にぎゅっと力を入れてからゆっくりと緩める）
↓口の力（歯が噛み合わない程度に緩める）
↓首の力（首をゆったり伸ばす）
↓肩の力（肩を思い切りすぼめてからゆっくりと力を抜く）
↓腕、肘の力（腕は力を入れずに持ち上げてから、ぎゅっと伸ばし、ゆっくりと下に降ろしながら力を抜いていく）
↓手のひら、指の力（こぶしをしっかり握ってからゆっくりと力を緩める、指をめいっぱい伸ばしてから力

を緩める）
↓腹の力（お腹にぎゅっと力を入れてゆっくりと力を緩め床に自然に重みを載せる）
↓腰の力（腰を少し持ち上げ気味に力を一度入れてからゆっくりと力を緩め床に任せる）
↓太ももの力（太ももをぎゅっと締めてからゆっくりと力を緩める）
↓膝の力（膝を少し持ち上げて力を入れてからゆっくりと降ろしながら緩める）
↓足首の力（足首を持ち上げ少し回しながらゆっくりと降ろし力を緩める）
↓足の指先の力（足の指先をかっと開いてからゆっくりと力を緩める）
↓足全体の力（足を思い切りつっぱりゆっくりと力を抜き床に重さを任せる）
↓胸の力（思い切り息を吸い込み、ゆっくりと一五秒くらいかけながら息を吐いていく）

次の段階では、自然に上に向けた手のひらに注意を集中させ、イメージの中で太陽のエネルギーを吸い込んでみます。こうして手のひらに、太陽のエネルギーを吸い込むと、手のひらが温かくなり始め、その温かさが全身に広がってきます。

このリラクセーションを終わり、深呼吸の後ゆったりとした気持ちで床に寝そべっている状態が、全身の力を抜いた状態だと体験してみます。多くの実習者はそのまま眠りたい誘惑に駆られます。およそ一〇分のリラクセーションをした後ゆっくり起き上がると、感覚がリラクセーションする前とではまったく違うことがわかります。このリラックスした状態で子どもや保護者の相談を受けるべきなのです。

面接をする前だけではなく、疲れたと思ったらすみやかに誰もいない部屋を見つけてこのリラクセーションの技法を試してみましょう。体と心のバランスを保つためにも、体の疲れに気づき手入れをしてあげる日々の習慣的な気配りが必要です。時間が取れなければ，数分ソファに寝そべり深くゆっくりと吐く深呼吸を何回かするだけでもよいでしょう。

第3節　うつを避けるためのリクリエーションとリフレッシュ

リラクセーションが短期的なリラックスの方法だとすれば，リクリエーションとリフレッシュは中期的・長期的なストレス対処の方法です。

♣良いストレス・悪いストレス

ストレスには良いストレスと悪いストレスがあります。良いストレスは，受験や達成感のあるスポーツなど，そのストレスをがんばり抜けば，入学試験合格とか，試合に勝つとか，がんばり抜く意義を感じることができるストレスのことです。

悪いストレスは，その負担をがんばり抜いても，たいした意義を感じないことをがんばらなければならない場合のストレスです。自分の納得してないような仕事を上司に命令されてやらされたり，自分の考えでは良い結果につながらないと思うことを努力するように上司に言われてがんばっているような場合，ストレスはかなり心身に負担を与えます。

狭心症などの心身症になりやすい性格に，タイプA性格があります（Friedman & Rosenman, 1974)。

①気持ちの切り換えが下手である。

②忙しくしていないと不安を感じる。

③凝り性で何でも徹底的にやらないと気がすまない。
④何についても、とにかく早く片付けてしまわないと気がすまない。
⑤常に緊張した状態にある。
⑥何もしないでいると罪悪感のようなものを感じてしまう。
⑦会議や人に仕事ぶりを遅く感じてイライラすることが多い。
⑧何かをじっと待つのが苦痛である。

以上のような項目に「はい」と答える人は、常に焦って自分を追い立てるように目の前の仕事を片付けることに終始しており、リラクセーションもなくリクリエーションにも時間を取らずリフレッシュすることもできずに、ストレスをまともに受けてしまうところがあるのだと思います。

♣メランコリー親和型性格

また、うつの病前性格と言われているものにメランコリー親和型性格があります。メランコリー親和型性格とは、几帳面で何事においても完全主義であり、また責任感も強く、対人関係も細やかな配慮が行き届いているような人のことを言います。仕事に関しては勤勉できっちりとしており、人間関係では、臆病なほどに摩擦やいざこざを嫌い、自分が我慢したり自分が負い目を負うことで雰囲気を壊さないように気遣いをします。他人のために尽くすことを、とくに意識せずに実行し、他人に嫌われることを心のどこかで恐れていて、他人を傷つけるような一言を避けるために言葉を選んでいます。何かものを無条件に受け取ることができずに、他人に尽くしてもらったら何倍ものお返しをしないと気がすまないところもあります。メランコリー親和型性格は、周囲から、少し硬いところもあるが仕事を任せられる信頼できる人だと、高い評価を受けることも多く、本人も自分の性格の問題に気づきにくいところがあります。

このような性格は、周囲の人の期待に応えようとするあまりに自分の欲求を抑えてしまうか、むしろ自分の欲求に自ら気づいていないこともあります。このような人は、むしろ他人の期待に応えようとしないことを憶えなければなりません。

全国の公立幼小中高の教師の休職数は六千人くらいですが、その半数以上が精神疾患による休職であり、そのうちの多くはうつだと言います。学校でいろいろな仕事を任されていて、いなくてはならない存在の先生ほど休職していくのです。言いたいことを言って周囲の人に迷惑をかけている教師ほど休職しません。それは、このようなまじめで勤勉で頑張りやの人ほどうつになりやすいということから説明できるのです。うつを避けようとしたら、百点を取ろうとせずに八十点で満足しようとすること、仕事を頼まれても自分の限界を超えそうな時は断れること、自分で仕事を抱え込み過ぎず人に頼むことを学ぶこと、人に多少迷惑をかけても自分のわがままを時には通してみることが大切です。

♣時には〈わがまま〉も大切

先生方にストレス発散をどうしているか聞いてみると、教師はストレス発散が下手だということがわかります。教師としての職業柄、よき夫、よき妻、よき父親、よき母親でなければならないという意識が強すぎて、家庭でも自分のわがままを言わず人のために尽くしている人も多いでしょう。

〈わがまま〉というのは、身勝手を表わす〝我が儘〟にもなる一方で、わが道を行くという意味の〝我がまま〟にもなりえます。自分にとっての〝我がまま〟は、周囲の人にとって〝我が儘〟と映ってしまうこともあります。ある程度〝我が儘〟と見られ多少の迷惑をかけても、時には自分の意思を通して〝我がまま〟に生きてみることも大切です。

【事例４−１】　趣味のバンド練習でリフレッシュした教師

ある男性教師は、結婚して以来、妻を気遣いよき夫であらねばという気持ちから、よく家事を手伝い、洗い物、風呂掃除、洗濯などを引き受けていた。若い頃は仕事も忙しくなかったのでそれでも家事をこなしていたが、年齢も上がり学校での校内分掌も増え、納得してない仕事も引き受けざるを得ないことも重なり、精神的に追い詰められていった。次第に家庭も仕事場もストレスに感じるようになり、居場所がなくなったと感じることが増えてきた。そのような時に、ふと独身時代にしていた音楽をまたしてみたいと思うようになった。しかしそれは家庭に負担や迷惑をかけることになるので諦めていた。ところがあるとき偶然一緒に音楽をできるメンバーが見つかり、思い切って家族に提案してみると、してもいいと許してもらえ、月二回日曜日の数時間を趣味のバンド練習に割くことができるようになった。

そのように自分の欲求を通してみると、練習の時は仕事も家庭もすっかり忘れリフレッシュできることを、身をもって理解することができた。かえってそのことで、家庭に帰った時はみんなにやさしくできる自分を感じた。また仕事場でも、納得できない仕事でもある程度は前向きにできるようになった。さらに、どうしても納得できない仕事は断ることもできるようになった。断ることで上司の評価は少し下がることになったが、その分は自分の得意分野で取り返そうと思い直したら、精神的にずいぶん楽になった。

女性の教師なら、子育てに家事に仕事にと、自分の欲求を押し殺し、身を粉にして働いていることも多いでしょう。年に二回くらい、子どもを夫に任せて、友達と二泊三日の温泉旅行で日頃のストレスを発散することをお勧めしています。そのような申し出は夫に負担を強いることになりますが、その負担をお願いして、〝我が儘〟を通すことで、〝我がまま〟に道を拓き、自分の命を生かすことも長い目で見るとうつを避けるためには大切なことです。

第4節　面接のセッティング

教師がリクリエーションでリフレッシュし、リラクセーションでくつろいでリラックスした雰囲気を作ることができると、子どもや保護者の相談にのる準備が整ったといえます。ではこれから、よりよい面接のために必要な基本を解説していきます。

☘面接室の条件

学校現場では、面接といっても、子どもを職員室の自分の机の横に呼び、立ち話で面接をしてしまうことも多いと思います。保護者に来てもらった場合でも、空いている部屋がないからと倉庫のような物置部屋で長時間面談することもあるかもしれません。そのような面談が全部悪いとは言いませんが、子どもや保護者から見てどういうふうに映っているでしょうか。もっとリラックスできる状況で面接が行われたら、話し合いがどのくらい違ったものになるか考えてみるのは、自分の教育相談力を高めるためにも必要です。

相談を受ける面接室は、できれば広すぎもせず狭すぎもしない、静かで人通りのあまりない廊下に面した部屋が望ましいでしょう。部屋もゆったりとしたリラックスできるソファセット、壁や周囲には、賑やか過ぎない程度の、目に穏やかな花瓶や絵画、写真、カレンダー、棚には置物やぬいぐるみ、人形などがさりげなく置いてあると、落ち着いた雰囲気になります。書棚があって、教師が子どもや保護者に読んでほしい、あまりむずかしくなく読みやすい本を数冊飾っておくのもよいでしょう。

理想的にはそのような面接室の設置が望ましいでしょう。それが無理ならせめて広い部屋の一角だけでも落ち着いた雰囲気にしておきましょう。

できたら部屋のドアの外側には、〈使用中〉など、人が急に入ってきて相談が止まらないような表示システムがあればよいでしょう。

意外に意識していないのが、相談を受ける時の、相談者との距離感や角度の問題です。カウンセラー養成講座などで、グループで実習してみるとわかるのですが、ペアでちょうど話しやすい距離感と角度があるのです。

福島（一九九七）の「かかわり技法」から引用してみましょう。

対座（距離と向き）

○各自椅子を持って二人の組を作ります。

○各ペアの間に十分な空間が開くと、これからの作業がしやすいでしょう。

①まっすぐ正対する位置で

○椅子を正対する位置に置き、椅子に掛けます。そしてキャスター付椅子で前後に移動して、感じを体験してみましょう。

○まず一方の人だけ椅子を移動して、気まずくなく話しやすい距離を決めます。その距離感を摑んでおきましょう。
○次に他方の人が移動します。
○今度は両方が同時に動かして、距離の駆け引きをして、互いにこれならいいという位置を定めましょう。
○さて、姿勢はどうなっているかな？　椅子の位置が近すぎると後ろに背を逸らす傾向があります。反対に遠いと前屈みになるでしょう。

②椅子を横にずらして

○まっすぐに正対して丁度よい椅子の位置を決め、しばらく身の上話をする人と聴く人になってから、二人とも少しだけ椅子を左にずらせてみましょう。
○その続きの話をして、聴いてみましょう。ちょっと遠い感じがしませんか。
○椅子の位置が左右にずれたままで、前後に少し近づけてみよう。どうかな。
○前後にもっと近づけてみよう。
○前後の位置はそのままで、椅子を少し右にずらし、もとの真っ直ぐに正対する位置になってみよう。どう感じるかな。
○今度はさらに右に椅子をずらせて、前と反対の斜めになってみよう。
○今までのことを復習して、感じを話し合ってみよう。

カウンセリングの始まりは互いに挨拶して着座を勧め、こちらも椅子に掛けることから始まります。相

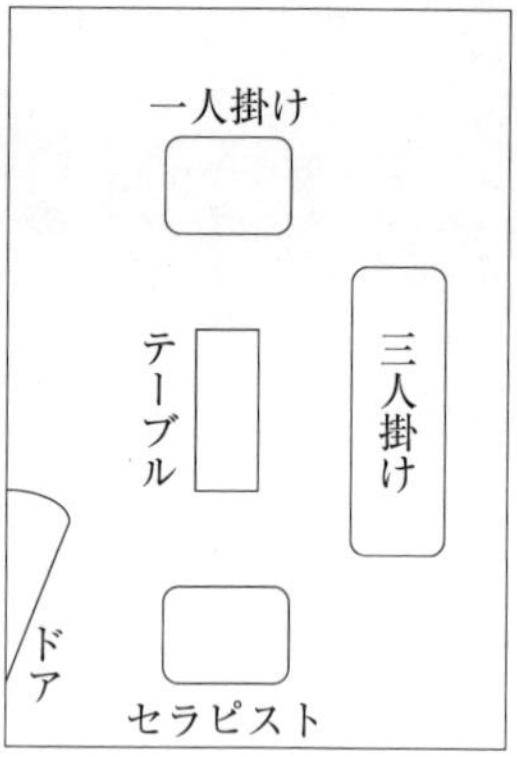

図４－１　部屋の見取り図

談に来た人がリラックスして話せるように、そしてこちらもくつろいで聴けるように環境整備をします。人によって少し離れたほうが話しやすい人もいれば、近くないと話せない人もいます。また、正面に向かわないと話せない人もいれば、正面からある程度ずれていたり、角度がついていないと緊張して話せない人もいるのです。

【事例４－２】　クライエントの座る位置

筆者が面接しているある部屋は、少し特殊な椅子の配置になっていた。ドアを入ると、筆者はいつも一番そばの一人掛けのソファに座ることにしていた。そのソファの向かいに、一番遠い一人掛けのソファがひとつあった。また筆者のソファの横に、三人掛けの長いソファが横に置いてあった（図４－１）。この四つの座る位置のどこに座るかはクライエントに任せていた。するとクライエントによって座る位置が異なることがわかってきた。一番多いのは長いソファの真ん中の位置であるが、長いソファの一番セラピストに近い位置ににじり寄るように座る人もいれば、長いソファのセラピストからは一番遠い位置に、できるだけ隅に逃げるように座る人もいた。数は少ないが、一番遠い正対する位置のソファに座る人もいた。その位置は、セラピストからはずいぶん遠く感じたものである。

【事例２－６】の青年は、まさにその一番遠い席に足を揃えてかしこまって座り、数回の面接を受けた後に、筆者に不信感をぶつけてそれを受け止めてもらってから、長いソファのど真ん中に胡坐をかいて話をするようになりました。これこそ、座る位置の距離感と方向性が、心理的な距離感に相当するという証明なのです。

♣九〇度法・対面法

カウンセリングには九〇度法がよいと言われています。対面法（一八〇度）というのは交渉ごとの時の角度で、対決の雰囲気が出てしまうからです。しかし相談者によっては、カウンセラーや教師にきちんと向き合ってほしいと思っている時もあり、そのような時は対面法がよいかもしれません。九〇度法は、話し相手をあまり意識せずに、自分の思いに集中できる角度です。それでいて相手の視線や相手の表情を、顔の向きをそれほど変えずに確認することもできます。右の部屋の例で、多くの人が長いソファに座るのも、自然に九〇度法になっているからでしょう。

カウンセラーとクライエントが同じ向きを向く〇度法は、ベンチに座るのと同じ方法で、相手の顔が見えないので、よっぽど信頼し合っていないと緊張します。別名、恋人の角度です。バスや電車での乗り合わせの角度ですね。見知らぬ人の場合やはり緊張してしまいますよね。

自分はどのような角度が話しやすいか、あるいは人の話を聴きやすいか、実際に相談する場面で距離や角度を調節してみましょう。子どもや保護者に選んでもらった距離や角度が、自分ではびっくりするくらいに遠かったり、角度がついていたりするかもしれません。その場合は、今まで相手の距離感の気持ちを理解していなかったことになります。少なくとも、距離感や角度の違いによっては相手が話しにくいかもしれないということに、意識がいくようになることが第一歩です。

第5節　共感の技法

共感とは、目の前にいる話し相手が今どんな気持ちでいるのかを想像し、きっとこのような気持ちでいるのではないかと思うことを言葉に出して伝え、その結果相手が、「そうです、そんな気持ちなのです」と言ってくれることで成立します。ですから、共感できたかどうかを決定するのは相手なのです。そこにむずかしさがあります。こちらが共感したつもりになっても、相手がそんな気持ちではないと言えば共感は成立していません。

共感しやすい時とは、相手の話を聴いているうちに気持ちが自分の心にすっと入ってきて心から相手の気持ちがわかり、それを自然に言葉にできる時です。

【事例4―3】　**共感的な保護者―教師関係**

保護者「うちの子が最近家で暴れるようになって。どうしたらよいかわからないのです」

教師「それは大変ですね。いつ頃からですか」

保護者「ちょうど一カ月くらい前からです。最近口答えするなって思ってたんですが、こちらも負けてませんから、けっこうあんたは黙ってなさいと押さえつけていたんです。ところが最近は、壁を蹴ったりして、穴が開くほどなんです。やっぱり男の子だからなんだか怖くて」

教師「壁に穴が開くほど蹴るとは大変ですね。男の子は蹴る力も強いでしょうから」

保護者「あんな怖い顔で当り散らしているあの子の顔を見るのは初めてなんです。大丈夫なんでしょうか？」

教師「心配ですよね。ご主人はどう言っておられますか」

保護者「夫は、思春期じゃないかって言うだけで、自分は平気でテレビを見て笑ってるんです」

教師「自分ひとりで心配しているような感じで心細いし不安なんですね」

保護者「ほんとにそうです」

このように利害関係が話し手と聞き手との間にあまりなくて、聞き手が話し手の立場に寄り添える時には、共感的に気持ちをわかってあげやすいでしょう。

利害関係が絡んでいて、相手の言い分に自分が納得できない時に、共感することに抵抗が働いてしまいます。たとえば父親の都合で引越しをすることになったことを伝える時の親子の会話です。

【事例4－4】 共感的態度が欠如した親子の会話

父親「実は話があるんだ」

息子「何？」

父親「今度来年の四月からお父さんの都合で九州に転勤になるんだ。だから四月に九州に引越しをすることになった」

息子「なんで急に？　僕はやだよ。今友達がようやくたくさんできたところだし、部活も今充実していて来年はいよいよ県大会で優勝も狙えるところに来てるんだよ。引越しなんて絶対無理」

父親「そうは言ってもお父さんの仕事の都合だからどうしようもないんだよ。お前もつらいだろうがわかってほしい。お前だけ残すわけにもいかないんだよ」
息子「僕は絶対嫌だ。お父さんがひとりで行けばいいじゃないか！　そうしたら何の問題もないじゃないか」
父親「親と子どもは一緒に暮らすべきだよ。お前はまだ中学生なんだから、父親も母親もそばにいることが必要だよ」
息子「僕には必要じゃないよ。だいたい何でも自分でできるから。単身赴任してよ」

父親は自分の事情があり、自分の言い分があります。ところが息子も自分の言い分があるので、ぶつかり合ってしまい、共感的な態度にはなりにくいようです。父親の共感的な態度の欠如により、余計息子も反発しているようにも見えます。

【事例4－5】　**ショックな気持ちを共有できた親子の会話**
父親「実は話があるんだ」
息子「何？」
父親「今度来年の四月からお父さんの都合で九州に転勤になるんだ。だから四月に九州に引越しをすることになった」
息子「なんで急に？　僕はやだよ。今友達がようやくたくさんできたところだし、部活も今充実していて来年はいよいよ県大会で優勝も狙えるところに来てるんだよ。引越しなんて絶対無理」
父親「そうか。そういえばなかなか友達ができなかったのに、ちょうど昨年から友達が増えて喜んでいたもんな」

息子「そうだよ。今まで友達はできないし、いじめっ子にいじめられてつらかったもん。去年友達ができた時は本当に心から嬉しかったもん」

父親「部活もお前最近がんばってたもんな。この間の大会、準決勝までいけてお父さんも嬉しかったよ」

息子「お父さんも応援に来てくれて嬉しかったよ。僕もみんなもがんばったけど、負けて悔しかった」

父親「お前の気持ちは確かにわかるな。今急に言われたらびっくりするし、今までの生活が壊されるみたいでつらいよな」

息子「お父さんにもわかるだろう。僕には僕の生活があるもん」

父親「お父さんも転勤を言われた時ショックだったよ。せっかく仕事もうまくいってこちらでの仕事が充実していたところだったからね」

息子「じゃ会社にやだって言えばいいじゃん」

父親「それが言えないんだよ。会社の決定だからな」

♣相手の思いや言い分を受け止める

こちらの会話は、お互いの言い分の違いよりも、会社の転勤要請を受けてお互いショックを受けているというように、共にショックな気持ちを共有しています。父親が、会社からの転勤要請に対する息子のショックに、共感的な態度を示したからです。最後に会社の決定という発言で、転勤や引越しは避けられない可能性を示唆していますが、その問題を一緒に考える姿勢ができつつあります。

父親が転勤になったら、息子もついていくというのは一般的な判断なので、友達との別れや勉強や部活の継続性の途切れはわかるけれど、子どもである限り引越しを受け入れなければならないという結論はこのケースではあらかじめわかっています。しかし、単身赴任をすればいいとか、会社の転勤要請を断ればいいとか、極端な場合は自分ひとりが残って一人暮らしをするとか、子どもが主張することはよくあります。子どもの言い分は、周囲からすると自分勝手に見えてしまいます。

このような問題で、中学生がひとりで残って一人暮らしをするという言い分は非常識ですが、突然の転勤や引越しの通達でとてもショックを受け混乱しているということ、実際友人関係や部活や勉強は現在上手くいっており、それらを失うことは子どもにとって大変な喪失感になってしまうという言い分はまったく正当なのです。そのような感情はしっかりと受け止められる必要があります。

引越しをして引越し先で不登校になるケースは多いのですが、ほとんどのケースは、子どもがこの喪失感を、引越しする前にしっかりと親にぶつけ、引越しをしたくないという思いや言い分をはっきりと親に主張して、親子でぶつかり合って十分話し合うことができていないので、子どもが引越しに納得していない場合です。

——《鉄則6》

子どもや保護者の主張が正当で妥当な言い分だと感じられなくても、言い分をすぐ否定したり、こちらの言い分を主張しようとせずに、その言い分に含まれる気持ちや思いに十分共感してみる。

【事例4－6】　**校則指導に反発する保護者1**

教師「お宅の息子さんが茶髪なので、ちゃんと指導してほしいのです。うちの学校は校則で茶髪は禁止されているので」

保護者「何で茶髪はだめなんですか？　もうそんな時代じゃないでしょう？」

教師「校則で禁止されてるんですよ。それに中学生はまず服装や髪型から崩れていきますから、そこで壁を作っておかないとだめですよ」

保護者「私はそんなこと納得できません。もうそうなら学校に行かせません！」

教師「お母さん、何を言ってるんですか。子どもを甘やかすだけじゃないですか」

保護者「もうお帰りください。私の気持ちは変わりません」

教師「お母さん、わかってくださいよ。服装や髪型の乱れは非行につながるんですから。今までの経験上わかってることですから」

保護者「そうやって決めつけてるんじゃありませんか？」

かなりむずかしいケースですね。しかしこのくらい保護者の言い分が正当ではないように見えても、保護者の言い分に共感をしてみるのもひとつの方法ではないでしょうか。

【事例4－7】　**校則指導に反発する保護者2**

教師「お宅の息子さんが茶髪なので、ちゃんと指導してほしいのです。うちの学校は校則で茶髪は禁止されているので」

保護者「何で茶髪はだめなんですか？　もうそんな時代じゃないでしょう？」
教師「校則で禁止されてるんですよ。それに中学生はまず服装や髪型から崩れていきますから、そこで壁を作っておかないとだめですよ」
保護者「私はそんなこと納得できません。もうそうなら学校に行かせません！」
教師「お母さんは、茶髪が校則違反だということを納得されてないんですか？」
保護者「そうです。街を歩いていても、茶髪にしている大人が、もう染めてない人より多いじゃないですか。中学生だって染めてもいいと思いますよ」
教師「じゃ私どもが、校則で茶髪を禁止しているから息子さんに黒く染めるように指導しろと言われたらとても納得できないという気持ちなんですね」
保護者「そうですよ。納得できません」
教師「でも今でも中学校では茶髪は校則違反ですよね」
保護者「ほんと！　だからだいたい学校って私は嫌いなんです」
教師「お母さんは、学校そのものが嫌いなんですか？」
保護者「嫌いです。私が中学の時だって茶髪が禁止で納得できなかったから染めてました！」
教師「そうだったんですか？　それで当時の教師に指導を受けたんですね」
保護者「嫌な教師でした。頭ごなしに茶髪はダメだと決めつけ、私に怒鳴り散らしたんです。親のことまで『お前の親がいい加減だからお前みたいになるんだ』と言われたから私はそれが許せなかった」
教師「お母さんは、親思いだったんですね」

保護者「そう！　親のことまで悪くいうのが許せなかった。茶髪にしたのは自分の意思でしたんだから」
教師「その先生の言い方に深く傷ついた」
保護者「傷つきましたね。だから学校なんてろくなもんじゃない。私の気持ちなんかわからず校則だけ押し付けるだけのところだと」
教師「お母さんは当時の先生に自分の気持ちをわかってほしかったんですね」
保護者「自分の気持ちをわかってほしくない人なんていないんじゃないんですか？」
教師「じゃ今回の息子さんの茶髪のことでも、私たち教師に自分の気持ちがわかってもらえない、校則を押し付けられるだけで不愉快だと感じたのですね」
保護者「そうです」

もちろん校則とか指導はひとりの保護者の気持ちによって簡単に揺らいだりすることはないのですが、指導と共感は矛盾しないことを理解してほしいものです。揺るぎない指導と深い共感のバランスによって、保護者としっかりとした連携を取っていくことが大切です。すぐ問題を解決しようとして、その結果保護者との関係が破綻してしまうことにもなりかねません。これ以上教師が自分の言い分を通したら保護者との関係が破綻すると感じたら、指導から共感へとシフトして、まず信頼関係を作っていく努力をしてみるとよいでしょう。そしてタイミングを計り、信頼関係が十分築かれたと感じてから、こちらの言い分を少しずつ伝えていきましょう。

第6節　対決の技法

本節では、基本的な共感の姿勢で保護者や子どもと信頼関係を作る努力をして、自分の言い分や気持ちを抑え目にしてきたけれど、そろそろ子どもや保護者に自分の想いを伝えたいという時に、どのようなことに注意して自分の本音を伝えたら相手に通じやすいか、理解してもらいやすいか、関係を壊さずに話し合いを進められるかを考えていきます。

カウンセリングであれ教育であれ、相談者にとって、教師やカウンセラーの本音が長期にわたって見えないと、それが不信感の原因になります。逆に、十分な信頼関係がないのに、教師やカウンセラーが先走って本音を漏らしてしまうと、相談者は、そんなふうに思われているならもうかかわりたくないと感じて、関係が切れてしまうこともあります。まだ子どもや保護者を十分に理解してないから、早すぎる本音の中に誤解や偏見がたくさん出てくるのです。そのような事態は、お互いをよく知るようになれば問題にならないので、信頼関係を作るまでは、共感を中心にかかわったほうがいいでしょう。

《鉄則2・雑談が大切》で示しているように、対決の前に十分雑談をして、子どもや相談者のよいところや長所、好ましいと思うところをしっかりと把握して、まず好感を持つところから始めることが望ましいです。

♣葛藤を感じている保護者を援助する

また、対決の前に相談者の内側から葛藤が生じてくれれば、その葛藤に共感するだけで十分になります。

教師が指導したり直面化せずに、相談者の心の中の悩みそのものの話を聴き、相談者が問題を解決できるように援助します。

【事例4－8】　**朝食を食べさせずに登園させる母親との面談**

基本的には《鉄則2〜5》を用いる。面談に来ていただいた労をねぎらい、しばらく母親を元気にする雑談をして、本題に入る。

教師「どうもお子さんが朝食を食べてきていないようなんですが、ちょっと心配で今日はまずお話をお伺いしようと思いまして、わざわざ来ていただくことになったのです」

保護者「（その話題かというふうに表情が曇る）はい……（まるで責められていることに必死で弁解するように、そして少し裏に憤りを隠しているように）この子がいらないと言って出て行ってしまうんで、それならそれでいいかと」

話を聴いていると、子どもがなかなか起きてこないので母親はイライラしながら朝食の面倒を見ている。最後には怒鳴り散らすとようやく起きてくるが、今度はなかなか着替えない。だんだん母親も腹が立ってきて、いつも最後は「もう勝手にしなさい！　お母さんは知らないからね！　勝手に幼稚園行きなさい」と怒鳴る。子どもは「わかった」と朝食も取らずに出て行ってしまう。まあ朝食を食べないくらいでは死なないだろう、どうせ昼には帰って来るのだからと放っておいている。

（ここは、「朝の大混乱はわかるが、なかなか起きてこなかったり着替えないのは子どもにはよくあることだし、だからといって朝食を食べさせないで幼稚園に連れてきてもらっても困る」と指導しようと思ったが、すでに朝食抜きを指摘されるだけで責められていると感じている母親に、そのような強めの指導をするのはかえって信頼関係を損なう。まず母親がわかってほしい気持ちは何だろうと共感できる部分を探す。朝、子どもが思いどおりに動いてくれないのでイライラしてしんどい気持ちがあるだろう、共感をまず進めて、続いてこの件について周囲の人からどう言われているかを尋ねてみるようにする。おそらく母親の心の中でも、本当は朝食を食べさせたいという思いがあるはずだという推測の下に、話をソーシャルサポートの話題に移していこう。）

教師「そうですか。朝から子どもが言うことを聴いてくれなくて、お母さんも大変ですね。なんで早く起きて着替えてくれないのって怒鳴りたい気持ちはよくわかります」

保護者「そうなんです。もうそれでなくても私も仕事をしているものだから、朝はつらいんです。自分も娘が幼稚園に行った後に仕事に行かないといけないものですから、心は焦ってばかりです」

教師「つらいですね。子どもが言うことを聴いてくれないと。とても悩んでおられるのがわかります。このことについてどなたかに相談なさってますか？」

保護者「母には相談しました」

（少し顔が曇る。母親に相談してもかえってつらくなったのだな、母親に説教されたのかも。）

教師「母親というのはいつでも相談にのってくれると思いますが、一言多いですよね」

保護者「そうなんです！　母は、どんな理由にせよ朝食を食べさせないとダメだと私を叱るんです。私のつらい気持ちをまったくわかってくれない。母はいつもそうなんです。こちらの言い分を聞いてくれず、自分の考えを押し付けてくるんです」

（教師がこの話題を出した時に顔が曇ったのは、きっと教師も母親と同じように自分を責めるんじゃないかと思ったんだな。ここはその気持ちに共感しよう。）

教師「自分でも子どものことで悩んでいるのに、母親に頭ごなしに叱られてますます気分が落ち込んでしまったのですね」
保護者「そうなんです。小さい頃から母に叱られると私は腹に手を突っ込まれて胃をぎゅっとつかまれたように感じるんです。つらくて崩れ落ちそうになってしまいます」
教師「もう子どもの朝食のことどころではなくなるんですね」
保護者「本当にそうです。自分がつらくて悲しくて……母への怒りと自分のふがいなさと。自分だって母に言われなくても朝食は食べさせたいんです。でもできないから困っているのに、そのつらさを誰もわかってくれない」
（教師が指摘しないまでも、保護者の中に朝食を食べさせて登園させたいという気持ちは、葛藤という形で存在している。そこで悩んでいることが把握できたので、今日は《鉄則5・相談後の気持ちを配慮》により、理解してもらえたという満足感のまま気持ちよく帰ってもらい、また次回の面談で対応策を話し合おう。）
教師「わかりました。お母さんのつらい気持ち、よく伝わりました。この問題を一緒に考えていきましょう。確かに朝食をちょっと抜いたくらいじゃ死にはしませんから（笑）。必ずお母さんの助けになります」
保護者「ありがとうございます」
たいていの問題は教師が直面化しなくても、保護者の心の中でも悩みや葛藤を形成しているものです。その葛藤に共感することで保護者は気持ちをわかってもらったという体験を得て、教師に信頼感を感じるようになるのです。《鉄則2〜5》を用いて、保護者の中にある〝問題を解決したい〟という気持ちを引き出し、共有することができました。教師が指摘してそれを保護者が受け入れるより、このほうが保護者のプライドも傷つかず、自分で問題を解決していくという姿勢も作れてよいでしょう。

♣直面化する場合の注意点

ところで、このようなケースばかりではなく、こちらから何かを指摘しなくてはならない状況もあります。そのような時に、どのように対決=直面化すればよいかについて考えてみます。

まず第一に、前もって保護者の気持ちに十分共感しておきます。保護者の言い分もしっかり認めて、その思いの正当性を確認しておきます。この正当性は、言い分の正当性ではないことを肝に銘じてください。言い分は正当ではないことがあります。しかし、その保護者の思いや気持ちは誰も否定できないという意味で、正当性があるのです。その共有が、教師の言い分をしっかり伝える前に重要です。

第二に、自分の中の言い分を伝える時は、曖昧に伝えずに、目をしっかりと合わせて伝えましょう。我と汝の関係の中で、誠心誠意心から本心を相手に伝えるということです。そのためには、文部科学省が決めているからとか、学校の決まりだからなどと責任回避するのではなく、教師が〝私〟という個人の教師としての存在をかけて述べるという気合と覚悟が必要です。

第三に、実際にいざ伝える時に、ショックを与えるかもしれないということが想定される場合、クッションとして、「こう言うとお母さんにとってはとてもショックを与えるかもしれませんが」とか「この話をするとお母さんはお怒りになるかもしれませんが」「こういう考えはお母さんにとってとても不快かもしれませんが」などの前置きを言ってから伝えるのもよいでしょう。前置きをすると、重大なショッキングなことを言われるはずだという構えができるので、受け止める覚悟を、実際に聴く前に作ることができます。そうすると、前置きがない場合よりも不意な衝撃は少なくなります。

第四に、伝える内容は、厳しいものであっても、保護者の立場から感じている内容で、保護者が受け入れやすい表現が好ましいです。「あなたは自分をごまかしている」と伝えるよりは「あなたは事実を受け止めるのがとてもつらくて、つい自分をごまかしてしまったのですね」という表現のほうが受け入れやすいと思います。指摘の中に、保護者への共感も含めるということです。

最後に、自分の発言が相手にどう受け取られたか、どういう気持ちになったか、どんな言い分が浮かんだのかなど、自分の発言が引き起こした反応について、しっかりと話してもらい、その思いにしっかりと共感することです。決して自分の発言を強弁したり強要するのではなく、自分の思いをしっかりと伝えたら、その発言が保護者や子どもの心に引き起こした波紋にしっかりと耳を傾けます。要するに、大切なことはコミュニケーションであり、言い分の押しつけや強要ではないということです。

【事例4－9】 子どもの喧嘩から怒りがヒートアップした保護者

小学三年のA子とB子が喧嘩をして、B子が手に持っていた傘がA子の顔に当たり、顔に軽い怪我をした。教師は両方の保護者にすぐ電話をして、事件の経緯を説明した。

しかしA子の保護者が激怒し、B子の保護者に強く謝罪を求めた。B子の親も慌ててA子の保護者の家に謝罪をしに行ったが、そこであまりにA子の母親の怒り方が激しかったため、その場で「そこまで言うのはおかしいのではないか。ちょっとした子ども同士の喧嘩なんだから」と発言し、その発言がA子の保護者の火に油を注ぎ、A子の母親の怒りはさらにヒートアップし、B子の親のそういう態度が許せないと担任に訴えてきたので、面談をすることになった。

A子の親は、B子の保護者の許せない態度について激しく抗議し続け、喧嘩を未然に防げなかった教師にも責任があるという訴えも入りまじり、大変な剣幕でB子の親と教師に対する不満を訴え続けた。

（B子が傘でA子を傷つけたというのは、もし目でも傷つけたらという不安を喚起するので、A子の保護者の怒りはわかる。しかし教師から見ると激しく大変な剣幕で怒り過ぎに感じ、B子の親がそこまで怒らなくてもいいのにと言ったのもわかる気持ちがした。なぜA子の母親がここまで怒るのか、何か理由があるかもしれないなと感じた。その理由が聞ければいいと思った。しかしとりあえず、激しい怒りをぶつけに来られているので、今はその感情に共感し続けよう。この程度の喧嘩は日常茶飯事だと言い分を伝えたい気持ちも起こったが、この激しい剣幕で怒る背景を聴かないうちにこちらの言い分を伝えるのはよくないと判断し、とにかく教師への批判に関しては、助言を受け入れ謝ることにした。）

教師「本当にA子ちゃんへの怪我を防げなかったことは本当にごめんなさい。防げたらよかったと思います」

保護者「本当にそうです。こういうことは二度と起こさないようにしてください」

教師「学校としても傘の保管なども含めていろいろ考えてみます」

保護者「本当にお願いしますよ。B子さんの保護者も本当に腹が立つ。何で言い訳するのよ。自分の子どもが一方的に悪いのに、怪我したのはこっちの子どもなのに」

教師「B子ちゃんのお母さんが言い訳をしたのが許せない」

保護者「そうです。うちの子どもが傷ついたということを本当にわかっていたら、心から謝れると思います。それを、まるで傷つけられたうちの子にも責任があるみたいな言い方をして。本当に許せない。もう一度謝ってもらわないと」

教師「本当に許せないという気持ちなんですね。自分の子どもにも責任があるというような含みを感じたんですね」

保護者「含みじゃありません。実際にそう言われました。許せません。もう一度謝りに来てもらいます」

教師「お母さん、話を聴いていて、B子ちゃんのお母さんが心から謝罪してくれなかったということにどうしても納得できない気持ちだということがよくわかりました」

保護者「そうです」

教師「その話の中で一番許せなかったのは、A子ちゃんにも責任があるという言い方ではないですか。A子ちゃんが怪我しているのに、なぜ責任があると言われなければならないのか絶対納得できないと」

保護者「そうです」

教師「そのことで私がひとつ感じることがあるんです。これを言うとお母さん、お怒りになるのかもしれないいんですけど」

保護者「何ですか？　はっきり言ってください。怒りませんから」

教師「お母さんは私に、A子ちゃんがどれだけ自分にとって大切な子どもだと訴え続けているように思うんです。どんなにA子ちゃんが大切か、命にかけても大切か、そのようなA子ちゃんのことを少しでも悪く言う人は許せないという気持ち。きっとお母さんは、A子ちゃんが傷つけられたことに深く傷ついたのではないですか？　こういう言い方はお怒りになるのかもしれませんが」

保護者「いえ、怒りませんよ。だって本当に大切な子どもなんです。命にかけてもっていう表現はぴったりきます」

教師「命にかけても守りたい大切な子ども」

保護者「そうです。なかなかできなかった子どもなので」

この話をきっかけに、母親になかなか子どもができなかったこと、不妊治療を受けたこと、その治療の苦しみ、夫の母親からの一言一言に傷つきのたうちまわった地獄、A子ちゃんを妊娠した時のほっとしたような、ようやく混乱から抜け出せるような気持ちなど、A子ちゃん誕生をめぐる思いを、堰を切ったように話し始めた。その思いに教師は、そうだったのかとはっとさせられるような気持ちになった。

（なぜここまで怒りが爆発したのかが理解できた。A子が産まれるまで本当に苦労されたんだという地獄の苦しみがよく伝わってきて、胸が熱くなった。A子の保護者への好感が高まった。最後に、「お母さんの気持ちはわかるけど、B子ちゃんのお母さんにあまり感情的にならないでほしい」というようなことを伝えることも頭をよぎったが、《鉄則5・相談後の気持ちを配慮》で、今日は理解してもらえたというまま帰宅してもらおうと、言わないことにした。またB子の保護者との面談を設定しなければならない。）

教師「お母さんの気持ち、よくわかりました。A子ちゃんは本当にお母さんにとって、命にかけても守りたい大切な大切な子どもだということ、今回の事件はそのA子ちゃんが傷つけられたことで深くお母さんが傷つけられたこと、このようなことを二度と起こしてほしくない思いで、B子ちゃんや私に訴えかけておられるのですね」

保護者「そうです。その気持ちがわかってくれて、きっちりと対応してくだされればそれでよいのです」

教師「わかりました。私が言い過ぎたということはありませんか？　不満とか納得できないことがあれば言ってください」

保護者「いえ、言い過ぎてないですよ。とにかくしっかりとA子を見てください。大切な子どもなので。よろしくお願いします。」

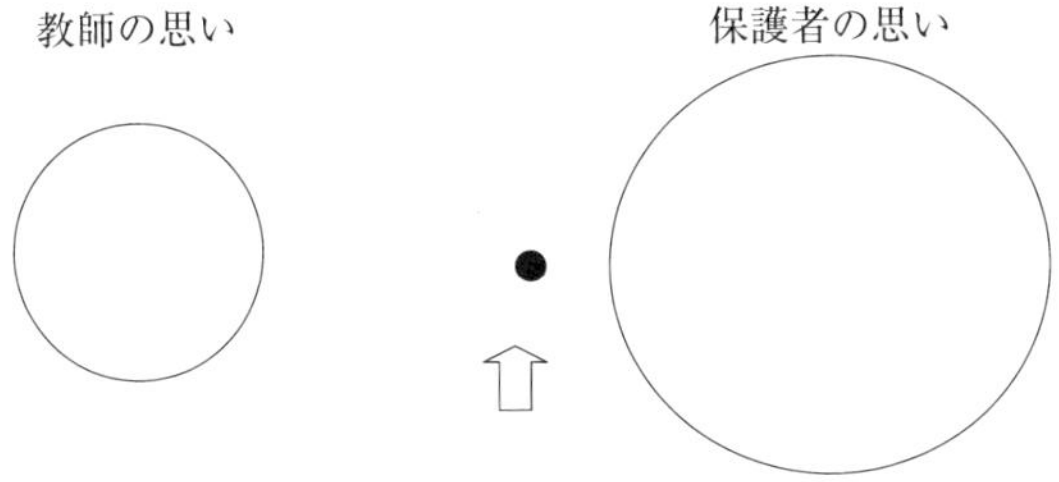

図４－２　教師の言葉の発するポイント

♣思いと思いの重心

保護者に言い分を伝える対決の技法は、保護者の言い分や思いも十分に大切にしながら、自分の言い分を、前置きもしつつ、母親が受け入れやすい言い方で、でもはっきりと伝えることが大切です。そしてこちらの言い分を言ったことのフォローをしっかりとしなければなりません。そのような対決ができれば、保護者と教師との関係はさらに深まり、何でも話せる関係へと進展していけるでしょう。

河合隼雄先生は、よくカウンセラーの真実さや本音と、クライエントへの共感とが矛盾したりぶつかり合った時に、クライエントの思いと自分の思いの重心で言葉を発するとよいと述べておられました（図４－２）。

保護者の思いにしっかり寄り添いながら、自分の思いを伝えることの大切さをこの公式は教えてくれます。ただし、保護者の思いがなかなかわからないために、重心が本当はどこにあるのかが摑みにくいこともあるかもしれません。対決の技法を使う時のコツとして、感覚的に利用できると思います。対決という物騒な表現を用いていますが、要するに、教師と保護者がしっかりと本音でかかわり、気持ちをぶつけ合いながら、お互い逃げずに向き合い続け、子どもの健やかな成長のために手を取り合うことが大切なのです。

次章では、子どもの発達段階と子どもとのつながり方を考えてみたいと思います。

第5章　子どもの発達段階とつながり方

第1節　粘土と絵――子どもとつながる方法1

本章では、子どもとのつながり方について考えます。基本的には保護者とつながる方法と変わりません。《鉄則2～5》が基本になります。子どもが問題を起こす前から、雑談や趣味の話をしたり、一緒に遊んだりして、信頼関係を作っておくことが大切なのです。ただし、子どもの年齢により、言語的なかかわりが制限されます。たとえば《鉄則2》の雑談に加えて、遊びの役割が増えます。子どもの場合は、発達段階によって、つながり方が変わります。

本節では、まずどの年齢にも共通したことを考えてみましょう。

♣なぜもっと楽しめないのか

子どもが小さければ小さいほど、遊びを中心としたかかわりになります。ここで、教師が注意しなければならないことがあります。教師にとってあらゆる遊びは、勉強や躾の一環になりやすいということです。

粘土や絵を考えてみましょう。なぜ多くの子どもや大人が、粘土に触ったり絵を描いたりすることを苦手だと感じているのでしょうか。筆者は、教育における絵や粘土などの造形の取り扱いによるのではないかと考えています。

筆者は幼・小・中学の教員対象のカウンセラー養成講座を長年主催しています。その中で三つのRやロールプレイによるミニ・カウンセリングをするのですが、初期は絵も感受性を高めるために取り上げていました。ところが、あまりに多くの先生が絵は苦手だとか、絵を書くのは嫌いですと言うので、用いるのをやめました。ショックだったのは、現在も学校の先生方の中に、絵が苦手な先生が半分くらいいるという事実です。小学校の先生の半分くらいは、自分は絵が苦手だったり嫌いだったりするのに、子どもにはちゃんと描きなさいと教えているというのです。これでは子どもも絵が嫌いや苦手になってしまうのも仕方がありません。小学校の図工や音楽の時間は、もっと見直されなければならないと思います。子どもが絵を描いたり、粘土を作ったり、工作をしたり、楽器を演奏したりすることを好きになれるように教育することが大切ではないでしょうか。

絵も造形も工作も、緊張感が走るのは、上手、下手の評価がつき始めてからです。ありのままに描こうとする、いわゆる写実主義のとらえ方ですね。絵を描いているときに教師の足音が近づいてくると、子どもはみな身を固くします。「あらあら、なんか変な家だね」「足が長すぎないか」などの否定的な表現に怯え、もしそのように言われでもしたら、自分は絵が下手だからと萎縮してしまいます。もっと素材を楽しんだり、味わったりということを強調する必要があります。ところが、学校の勉強として絵や粘土などの素材を用いる場合、評価の問題がつきまといます。成績をつけなければならないので、教師も、子どもが上手い絵を描くようにプレッシャーをかけなければならないと感じてしまうのです。

♣粘土ほど感動的な素材はない

筆者のカウンセラー養成講座では、先生方に粘土を触ってもらいます。その時に、とにかく粘土を触って、ちぎって、叩いて、ひねって、つぶして、こねることで、冷たくて硬い粘土が、温かく柔らかくなっていくことを、ゆっくりとじっくりと味わうように教示します。あらかじめ何かを作ろうと思う意識を持たないように言います。作るものを考えている時は、粘土そのものを味わうことがおろそかになってしまいます。時間中粘土を触るだけで終わってもまったくかまわないことを強調します。すると、最初は怪訝そうにしていた先生方が、次第に粘土をこねるのに夢中になっていくのです。そして、「粘土を子どもに作らせているけど、自分がこねるのは久しぶりだ」とか「粘土って何かを作らないといけないと思わなければ気持ちいいものだったんですね」などの感想を言いながら、粘土を温かくぬくもりのある柔らかいものに変質させることに集中していきます。

ある先生は、図工の時間にどうしても粘土を作ろうとしない児童に共感してみようと、最後まで何も作らずにこね続けていました。そして研修の最後には、「子どもの気持ちがわかったような気がする。形を作るってなんか気が重いものなんだろう」と気づきを得ていました。

そしてこねて温かく柔らかいものにしていくうちに、頭の中に自然と湧いてきたイメージがあれば、それをゆっくりと実体化していきます。それも心地よく作ることが大切です。少しでもつらくなったら、またもとの形のない温かくて柔らかいものに戻します。粘土はこの体験が一番大切です。

粘土の特徴は、この素材と向き合い、こねてひねってつぶしているうちに、身も心も粘土と溶け合い心地よくなっていくことです。粘土をしっかりとこねた日は、ほどよい疲れに食も進みよく眠れるでしょう。こねること自体が心身の健康につながっていくのです。

ある学会で粘土療法の発表を聴いたことがありますが、その先生は、教育委員会と連携して、落ち着きのない多動の子どもに、授業時間に粘土をこねさせて、ある一定の成果をあげているという報告をしていました。筆者の経験でもこれは十分ありうることだと思います。筆者がスクールカウンセラーとして勤める中学校の教育相談の部屋には粘土が置いてあり、生徒が入室してきて、「なんで粘土があるの？」などと言いながら、粘土を触り始め、夢中にこね始めることがよくあります。ある生徒は、ものすごい剣幕で相談室に駆け込み、「あ〜むかつく！」と怒鳴りながら、粘土をちぎっては壁に投げつけるということを繰り返し、あるクラスメイトの発言にむかついたことを訴えます。粘土一塊をすべて壁に投げつけると、ようやく落ち着いてきたようで、今度はちぎった粘土を集めてそれで壁に文字を作り、ほっとして授業に戻っていきました。

粘土の感動的な特徴は、どんなに激しい攻撃性を受けても、どんなにちぎったりつぶしたり投げつけたりしても、またまとめて元の一塊の粘土に戻ってくれることです。粘土ほど怒りをすべて受け止め、にもかかわらず決して復讐してこない素材は他にありません。紙は、ちぎってしまえば元の一枚の紙には戻らないので、ちぎるとどことなく罪悪感で悲しい気持ちを抱くこともあります。粘土にはそのような罪悪感は不要なのです。

♣なぐり描きの効果

絵画はどうしても写実的な要素が入り込んでしまう素材ですが、同僚の伊藤俊樹先生（二〇〇五）は、〈なぐり描き〉に注目し、それを学校の子どもたちに体験させて、その精神的な健康へのプラスの影響について研究しています。また、最近大人の間でもはやっていますが、ぬり絵という技法も、写実から解放される経験を私たちに与えてくれます。非行の子どもとの信頼形成および治療において、雑誌などからの写真やイラストの切抜きを画用紙に貼り付けて作品を作るコラージュ法の意義についても、よく議論されています。コラージュは、粘土や絵に比べて素材とのかかわりが薄いため、素材とかかわり親しむこと自体に抵抗を感じる非行少年たちには有効なのかもしれません。思春期以降なら、コラージュも子どもとのかかわりにおいて用いてもよいでしょう。

絵の嫌いな子どもには、思い切りなぐり描きをさせて、絵が嫌いだという気持ちを吐き出すことから出発すると、絵に対する嫌悪感も晴れるかもしれません。そもそも絵が嫌いになるのは、自分がせっかく描いた絵に対して、先生や親からの心ないからかいの言葉が心に深い傷をもたらすからなのです。なぐり描きは適度な運動にもなりストレス発散にも最適です。

以上のように、粘土や絵を子どもと共に遊びとして一緒にする場合は、夢中になって素材と戯れ、楽しむことが大切なのです。

第2節　遊びと雑談――子どもとつながる方法2

粘土と絵の用具以外に筆者の相談室に用意されているのは、折り紙とぬいぐるみ、ボール、簡単なゲームなどです。

心理療法の領域では、幼児から児童までは遊びを通して援助する遊戯療法、青年期からは言語的なかかわりと理解で援助するカウンセリングを用いることになっています。思春期の小学校高学年と中学生は、遊戯療法かカウンセリングかを、本人に選んでもらうことになっています。教師による子どもとつながる方法も、その原理に従って、幼児から児童までは主に遊びが中心、小学校高学年から中学生までは、遊びとコミュニケーションの併用、高等学校以上は主にカウンセリングが中心といえるでしょう。もちろん幼児との言葉を通してのかかわりや、高校生以上との遊びを通してのかかわりも個別には意味があることも多いです。

♣遊びを通して自己治癒力が働く

粘土や絵以外では、折り紙やボール遊び、野球、ドッジボール、ゴムとび、縄跳び、鉄棒、砂遊び、人形遊びなど、あらゆる遊びが子どもとつながることに有効です。子どもは、遊ぶことを通して自己治癒力が働き、元気になっていく存在です。遊びにくい子どもにはじっくりとゆったりとかかわり、お互いが楽しめる遊びを見出すことができれば、その子どもを元気にしていく道を発見する可能性が開けます。筆者は、幼稚園や小学校の先生なら感覚的に理解している常識的なことを述べているのです。

中学校の先生は、中学生の精神的な成長を図ろうとするあまり、子どもと遊ぶことのプラスの意味を見出すのがむずかしいところがあります。そのような余裕もないことが多いでしょう。しかし、子どもとちょっとの時間一緒に折り紙を折ったり、ゲームで遊んだり、しりとりなどの簡単な言葉遊びをすると、二人の関係が和やかになり、穏やかな信頼関係が形成されたことを感じられます。キャッチボールやサッカーは、ボールのやりとりが即心のやりとりに結びつく大切なかかわりです。たかがキャッチボールと軽く見ずに、一球一球に心を込めて丁寧に投げ合うと、ものの一時間もキャッチボールをしただけで、心がつながったように感じます。言葉を交わさなくても心地よく二人で存在できるということは、大切なことがなかなか言葉になりにくい思春期の子どもにとって、とくに重要な意味を持ちます。

☘大学生ボランティアのキャンプ活動

筆者が大阪府茨木市の教育研究所でなされている不登校児童生徒のためのキャンプに、アドバイザーとして毎年参加していて思うことは、言葉を交わさずに一緒に森を歩いたり、虫を探したり、火にくべるための薪を探したりすることこそ、信頼関係と友情を作り出すということです。毎年十数人の不登校の児童・生徒にそれぞれ一対一で大学生のボランティアのキャンプカウンセラーがつきます。茨木市の場合、市内にキャンプ場を持つ強みを生かして、市内のかなりの小学校や中学校が、毎年のように夏休みに数日のキャンプを経験します。キャンプをリードするキャンプカウンセラーには、小中学生の時にそのキャンプに参加した子どもが、大学生になって自発的に応募してなるのです。キャンプカウンセラーになる学生は、大学一年生から四年生で卒業するまで、毎年七月から九月までは、十日間山にいて、二、三日下山してまた山に登るという生活をして、小学四年から中学三年までのキャンプに付き添いリードする体験を積みます。

学生たちはとくに心理学を勉強したわけではないのですが、心理学を勉強した学生よりも子どもの対応に慣れています。それらすべての学生が教職につくか、カウンセラーになってくれたらよいのにと思うくらいです。

☘雑談・関心・自尊心

続いて雑談について述べます。子どもとの雑談は、子どもの関心に合わせてすることが大事です。好きな食べ物、嫌いな食べ物、好きなお菓子、好きなテレビ番組、漫画やアニメ、歌手や歌、家族旅行の話、近所の好きな場所、近所の面白いおじさんやおばさん、近所の好きなお店、家族で好きな人、嫌いな人、学校で好きな人、嫌いな人、好きな色、花、動物、虫、形、猫派か犬派か、飼っているペット、血液型、星座、どんな話題でもよいのです。子どもの答えやすい質問の仕方で答えやすいことを聞いてみましょう。大事なことは、その答えを憶えておいて、すれ違った時に、「最近プリンを食べてる？」とか「パンジーは咲いた？」とか「ジローは元気？」などと聞いてあげることです。人は誰かの心の中にしっかりと自分が存在していると、その人に存在を認めてもらった、関心を持ってもらっている、自分は忘れられていない、大切にされていると感じ、自尊心が高まります。

たとえば、不登校の児童・生徒とのみ扱われることは、大変な自尊心の低下をもたらします。子どもの精神神経症状や問題行動は、子どもの存在の一部でしかないのですが、実際に不登校になったり問題行動が現れたりすると、〝不登校児〟〝問題児〟としか見られなくなります。周囲の人は、そのような問題をなくしたり解決するためにのみ奔走するようになってしまいます。そんな環境の中で、教師やカウンセラーが、子どもの人そのものに関心を持つと、子どもは不登校や問題行動を客観的に見つめることができるようになるのです。

第3節　症状・問題行動の持つ意味

児童精神科医のカナーは、子どもの症状や問題行動が持つ意味について次の五つを挙げています。

第一に、症状・問題行動とは、〈入場券〉の意味があります。症状・問題行動は、いつどこで激しくなるかを大まかに示しますが、本当のドラマは症状を見ているだけでは見えてこないという意味です。また、症状・問題行動があるからこそ、専門家やいろいろな人がかかわって、チームワークで問題に取り組むことができるのです。

第二に、症状・問題行動は、〈警告〉の意味があります。症状は、表面ではどんなに静かに見えても、内側では大変な混乱が起こっていることを教えてくれるサインです。

第三に、意外に思うかもしれませんが、症状・問題行動は、〈安全弁〉としての意味があります。より重篤な事態になることから防いでくれているのです。症状・問題行動は、それを通して発達課題をクリアすることが多いのです。症状が出なければ、発達課題をクリアすることなしに年を重ねてしまい、後により大変な事態になることもあります。

強迫症状は、あまり早く治ると、自殺願望が強まったり、精神病的になったりします。また、カナーは、弟は児童期から散々問題行動をして両親を困らせたけど、青年になってすっかり落ち着いてよい市民になった一方で、姉はその間ずっと両親に従順な良い娘を演じていたのが就職でくずれて、自殺企図と共に精神科に入院した例を挙げています。問題行動は、周囲の人に迷惑をかけますが、必死で自分を守っている部分もあるのです。

第四に、症状・問題行動は、最善ではないけれども〈ひとつの問題解決〉になっています。安全弁ともつながりますが、フロイトが明らかにした疾病利得もこれに含まれます。身体化を起こすことは、本人の意識においてはつらいことですが、感情や思いを適切に言葉で表現できない代理として、身体化で周囲の人に自分を表現しているといえます。不登校は、学校に行けない原因を解決はできませんが、学校に行かないことで自分の心のバランスをとることに成功しています。

第五に、症状・問題行動は、〈厄介もの〉として周囲の人を巻き込み、環境を自分にとってふさわしいものに変えていく潜在力になります。症状や問題行動は、厄介ものであればあるほど、周囲の人々を、何とかしなければいけないと本気で問題にあたる気持ちにさせるのです。だからこそ状況を変えていく力を持つのです。

症状や問題行動は、もちろん厄介ものには違いありません。早く解消したり、なくしていかなければなりません。しかし、症状や問題行動の持つ意味を真剣に考えていかなければ、症状や問題行動を呈している人の人生全体を動かすことはできません。子どもや保護者にとって本当の意味で何が必要なのか、周囲の人はどんな役割を果たさなければならないのか、子どもや保護者に何をしてあげられるのかなどについて、本気に心を使い、根気強く一緒に寄り添い一緒に悩んであげられることが、教師には必要なのです。症状や問題行動を少しでも和らげるために、してあげられることを何でもしてあげたらよいのです。しかし、実際に症状や問題行動がしぶとく問題が深いようなら、むしろじっくりと腰を落ち着け、症状や問題行動を呈していることも含めて子どもや保護者と共に生きる姿勢が必要です。不登校の子どもは、なんとか不登校から立ち直らせようとする教師に対して、「先生は一生懸命僕を学校に行かせようとがんばっているけど、僕は学校に行っていなくても生きているんだよ。それを忘れないで」と叫んでいるのです。それを一方で理解し、他方で自分の思いも大切にすること、お互い少しずつ歩み寄り、適切な距離感を保つことが必要なのです。

第4節　幼児期の子どもの発達とつながり方

幼児期の一番むずかしい局面は反抗期です。これはとくに保護者と子どもとの間での戦いという形を取ります。幼稚園では子どもの反抗期のことで相談を受けることが多いでしょう。

エリクソンの発達段階論によれば、乳児期（〇〜一歳）に子どもは無条件の母親の愛に包まれて、自分が愛されているという感覚、世の中は生きるに値するという感覚、基本的信頼感を育てます。その結果得られる心理学的な力は希望という感覚です。

☘自律性と反抗

続いて幼児期前期（一〜四歳）には、成長と共に躾が始まり、愛は条件付の愛、乳児期の基本的信頼感に裏づけられて、人として我慢することを憶える試練に入ります。この時に、幼児は、自分の欲求を抑えて母に従順になり母に誉められるか、自分の欲求を押し通し母に反抗するかという究極の選択を迫られます。いつ従順になり母の愛をつかむか、いつ反抗して自分の欲求を満たすかを自分で決められるというのが自律性の感覚であり、その結果得られる心理学的な力が意思の感覚なのです。

自律的に母に反抗することで欲求を満たすことにこだわるのは、自分の意思を押し通すという意味で自我の芽生えです。しかし、それは愛する母親を困らせるというリスクなしには手に入りません。子どもが自我を育てるには必要なプロセスですが、母親にとってはとてもストレスフルな時期といえるでしょう。

この時期に問題となるのは〈過度の反抗〉と〈過度の従順〉です。

〈過度の反抗〉とは、子どもが反抗的な態度を取ることが母親をイライラさせて、母親が子どもを強く叱り、それがまた子どもの反抗を激しくするという悪循環に陥り、母親が疲れ切って育児ノイローゼのようになってしまうことです（図５−１（次頁））。この悪循環を避けるためには、子どもと母親とが別々にストレス発散をして、お互いにイライラをぶつけ合わないことがコツです。

第７章で詳述しますが、母親は、ソーシャルサポートとストレス発散で元気になることが大切です。子

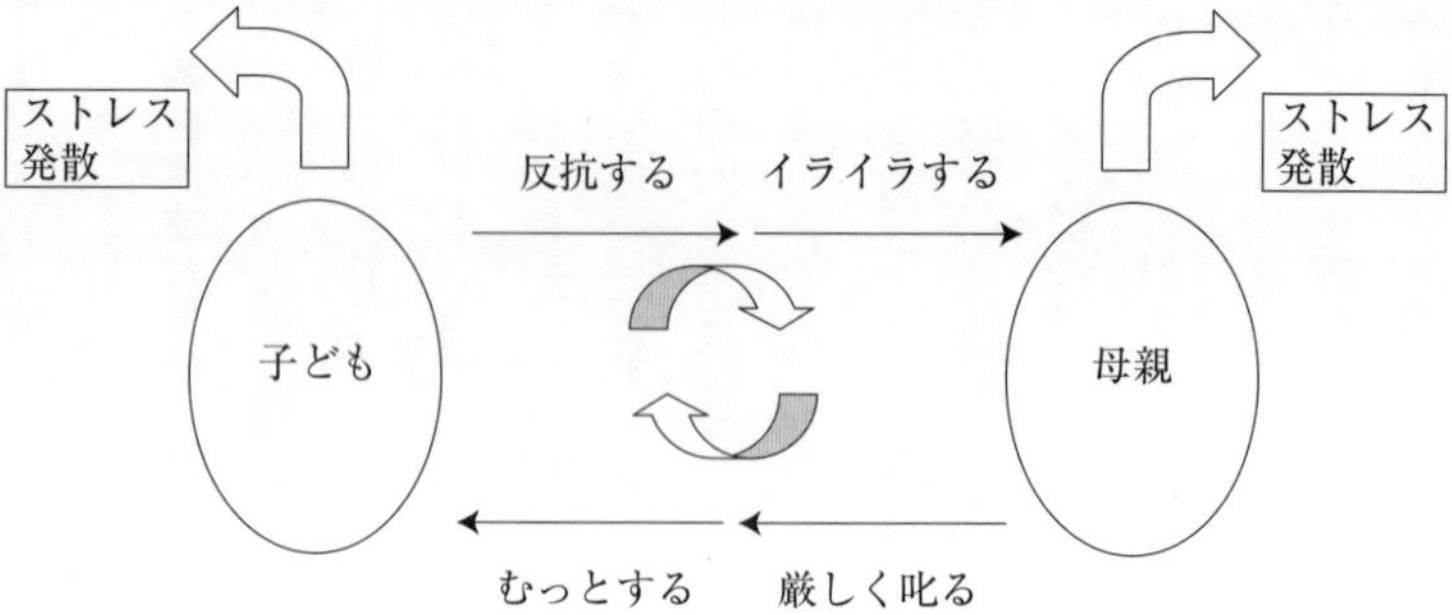

図5－1　子どもと保護者の悪循環の構図

どもを、できれば父親に土日に数時間公園に連れて行ってもらい、思い切り遊んでストレス発散してぐっすり眠れればよいでしょう。父親は、いつも一緒に過ごしていないからこそ、多少の甘えは受け入れて、あまり叱らずに遊んであげられるので子どもにとって貴重です。母親は、日頃のストレスで子どもにイライラしているものですが、半日でも子どもと離れると、子どもはどうしてるのかな、会いたいなという優しい気持ちが復活します。その意味でも誰かに面倒を見てもらい、ストレスを発散することは大切です。

幼稚園教諭や保育士は、反抗期の子どもを育てる母親のイライラやつらさ、苦しさをねぎらい、支えてもらえる人、相談にのってもらえる人、子どもの面倒を見てもらえる人、家事を手伝ってくれる人、いろいろな情報を教えてくれる人などの、情緒的・道具的・情報的サポートをしてもらえる人の確保をお手伝いしてあげましょう。子どもには幼稚園の園庭で思い切り暴れさせてストレス発散をさせてあげられたらいいでしょう。

♣家でも園でも〝良い子〟

〈過度の従順〉のタイプは、幼稚園でも従順で良い子で問題なく映ることが多いので注意が必要です。

本当に良い子と過剰適応の〝良い子〟の違いは、本当に良い子は、時には〝我が儘〟に〝我がまま〟を出して大人を困らせることができることです。それに対して〝良い子〟は、あまりに従順で教師を困らせることがありません。教師の都合に完璧に合わせてくれるのが〝良い子〟なのです。そのような子どもは、家でも同じかもしれないので、保護者に家での様子を聞きましょう。家では我が儘をし放題ならば〝内弁慶〟タイプで、幼稚園では地が出せてないだけなのでしょう。その場合は様子を見ていてもかまわないでしょう。

家でも〝良い子〟ならば、その子どもは〈過度の従順〉の疑いがあります。できるだけ〝我が儘〟が言えるように、子どもが本当はどうしたいのか、細やかに子どものしたいことを尋ねてみましょう。〈過度の従順〉タイプは、両親や教師に、問題があると思われないこと自体が問題です。本人は保護者からの愛を失うことが怖くて臆病になり自分自身を失ってしまい、欲求をすべて押し殺している状態なのに、周囲からは〝良い子〟として、この子どもは放っておいても大丈夫と見られてしまうからです。このようなタイプは、後に不登校や家庭内暴力、摂食障害の病前性格となる可能性もあります。

☘生き生きと振る舞うエネルギー

幼児後期の発達課題は、自分が大きくなってきたことを自覚し、自分を大きく見せようとしたり、大人のふりをしてお父さんごっこ、お母さんごっこをして、誰かを子ども役にして大人の役を演じようとするようになります。他の子どもや大人や教師がびっくりしたり困る言葉を喜んで発したり、自分が相手に対して主導権を握ることに欣喜雀躍するのがこの時期です。主導性を発揮し、のびのび生き生きと振る舞い、どこか大人をからかったり小ばかにしたような態度を取るのもこの時期です。しかしそれが行き過ぎると、大人に叱られしゅんとなり、罪悪感に落ち込んだりします。叱られて本気で泣くのはこの時期の特徴です。この時期を乗り越えるためには、のびのび生き生きと他者をしのぎ、いわゆる〝餓鬼〟のように子どもらしく振る舞うという生命力を失わずに、叱られて大人や社会の規範を受け入れていくという難題をクリアすることです。

幼児期は、ダメなことはダメとはっきりと叱る必要もありますし、逆に叱られてしょげ返ってしまわないように、愛しているということを少し大げさなくらい抱きしめて子どもに表現してあげることも必要です。どちらもそろわないと、ちゃんとした躾になりません。また、言葉を十分使いこなし始めた幼児は、自分の話を、つたないながらも大人に思い切りしゃべり、それを聞いてほしいという強い欲求を持っています。この欲求に答えてあげることも重要です。のびのび生き生きと、大人の耳に言葉を投げつけるように機関銃のようにしゃべり続ける幼児のエネルギーを出し切ってあげることです。それが出てこないなら、かなり言葉を待ってあげる必要があるかもしれません。あるいは、言葉より行動で自分の気持ちを表すのが得意な子どももいます。

子どもが真剣に取り組んでいる遊びには興味を持って寄り添い、感想を言ってあげましょう。ぽつんと一人遊びをする子どもは、引っ込み思案で友達がいないタイプもいますが、他の子どもに邪魔されずに思い切り自分なりの遊びを遊びきりたい子どももいます。その子どものニーズに合わせて寄り添うことも、幼稚園教諭や保育士に試されます。幼児期後期になれば言葉は使いこなすことができますから、雑談でいろいろな質問をして、子どもの個性をつかみ、それを用いてつながることも十分できます。

第5節　児童期の子どもの発達とつながり方

児童期は、心理学では潜伏期といって、第一反抗期の嵐と第二反抗期の嵐の間にある静かな時期として昔から平穏に過ぎる時期とされてきました。しかし、発達のばらつきが大きくなったり、躾を十分にできない保護者や子育ての考え方の違う保護者の増加、また次章に述べる発達障害のある子どもがクローズアップされるなど、子どもの様子もだいぶ変化してきているように思います。

☘生産性の感覚を育てる

児童期の子どもの発達段階では、小学校に入って勉強が始まり、いろいろな面で子どもを評価する機会が増えてきます。そのような環境の下で、自分はやればできる、がんばれば成し遂げることができるという生産性の感覚を育てるのが、思春期に入るまでの課題になります。学校場面での、国語、算数、体育、家庭、図工などの時間における評価だけではなく、掃除をがんばったり、姿勢がよかったり、あるいは子どもたちの世界で、口笛を吹くのが上手だったり、縄跳びやゴム跳び、竹馬、一輪車、笹笛、ヨーヨー、コマ回し、トランプ、ゲームなどの遊びで目立ったり、ドッジボール、野球、キックベース、どろけい、戦争ごっこなどの集団の遊びにおいて活躍したり、何かやればできるという感覚を体験して、それを友達や先生や親や近所の大人に誉めてもらえるという経験が、生産性の感覚です。

逆に、自分ががんばってもできないという経験をすると、その時に劣等感が生じます。児童期の課題は、何かで自分の努力が報われたという経験をすることです。それは、単に成し遂げたという事実だけでは不十分で、それを重要な大人である教師や親に誉められ、うれし泣きをすることで大切な経験となるのが児童期の特徴です。思春期以降になると、自分でものごとを成し遂げ、自分で評価し、自分を誉めるだけで十分になります。自分の中にしっかりとした評価の視点が出来上がるからです。児童期はまだそのようなしっかりとした客観的な評価の視点が自分の中に育っていないために、親や教師に誉めてもらわないと〝とりえ〟にならないのです。

小学校時代は、自分の〝とりえ〟を一つでも二つでも見つけること、何かで光り輝く体験をすることが大切なのです。

♣〝一番星〟を見つけよう

以前、小学校四年生のクラスを舞台にした『みにくいアヒルの子』というテレビドラマがありました。小学校の教師志望の学生がみんなそのドラマを観て泣いていたくらいに感動的なドラマでした。その中で岸谷五朗扮するガア助と愛称で呼ばれる教師は、教壇をクラスの中心に置いたりする面白い先生で、どの子どもにも自分の得意とする〝一番星〟があるのだと言い、一人ひとりクラス全員が自分の〝一番星〟を見つけることを一年の目標にしてクラス運営をしていました。

クラスの子どもたち全員を思い浮かべて、好感を持てないと本心で思ってしまう子どもを思い浮かべてみると、このような〝とりえ〟を見つけてあげることができていないことも多いのではないでしょうか。好感を持てない子どもの〝一番星〟を見つけ、信頼関係の悪循環もなくなり、お互い好感を持てているのが理想です。問題児にこそ〝とりえ〟を見つけ、クラスでその〝とりえ〟を発揮させて居場所を作ることで、粗暴な態度が収まることもあるでしょう。

児童期は、言葉によるかかわりをかなり持てますが、自分を言葉でとらえるのはむずかしい場合が多いので、カウンセリング的な共感のかかわりよりは、一緒に遊んで汗を流したほうがつながりやすいでしょう。ただし、おませというか自己意識が早熟な子どもは、幼児期後期くらいから自分を客観的に見つめることができていますので、十分言葉でもつながることができます。そのあたりはしゃべってみた感覚で判断し、大人びたことを言うような子どもは、自意識が強く、子ども扱いを嫌がったりすると考えたほうがよいでしょう。

第6節　思春期の子どもの発達とつながり方

小学校高学年に入り思春期が近づくと、次第に自意識が強くなり、人の目が気になるようになります。児童期には、丸々太っていても気にせずみんなと一緒に遊んでいた子どもが、急に太っていることを意識してダイエットを始めたいなどと言い出したら、思春期の入り口に立っていると言えるでしょう。

♣本音を隠す秘密主義

思春期に入ると、子どもは自意識が強まり、他者の目を意識して、人に非難されたり批判されたり、欠点を指摘されたりすることを恐れるようになります。早く大人になりたいと焦り、焦れば焦るほど子どもっぽい自分に気づいて自分が嫌になり、自分の欠点を他人に知られないように隠したりするようになります。それが思春期の秘密主義です。児童期までは自分の本心に気づかなかったり、言葉にできなかったりしますが、言葉にできる思春期になると、その本心を人に話さなくなるのです。だから、子どもの本心はいつも親や教師の大人からはわかりにくいのでしょうね。

児童期までは嫌なことがあるとすぐ泣いていた子どもも、思春期になると〝泣き虫〟と言われるのを気にして、嫌なことがあっても泣かないように振る舞います。思春期に入ると、子どもの自己が、人にそう見てほしい自分と、本来の自分とに分かれて、バカ正直ではなくなるのです。だからこそ、思春期に入った子どもは、昔の自分をどこか純粋だった頃として懐かしむのだと思います。思春期はどこか老成したところがありますよね。本当はいろいろ動揺したり傷ついたり、感情はがたがたなのに、達観し、傷つかないかのように振る舞ったりします。自分の中の少年＝少女からの決別をなかなか認められずにいたり、一方で決別を認めて寂しく思ったり、気持ちは定まりません。

ですから、思春期の子どもと話す時は、その子どもが自分のことをどう見てほしいと思っているのか、その表面的な自分の裏にどのような本音を隠しているのか、その本音を悟られることをどの程度恐れているのかを教師の心の中で推し量りながら付き合っていきます。そして、そのあたりの子どもの気持ちを理解し、言葉にしてふたりの間で共有することで信頼関係を深めていくことができます。

一方、そのような裏の気持ちに突然入り込んでほしくない子どもは、本音を決して外に表さずに、表面的な自分だけで教師にかかわります。その時は無理強いせずに、雑談や趣味の話、遊びを通してかかわりつながっておきます。思春期の子どもの話題は、個性がだいぶ出てきているので一概には言えません。本人に好きな話題を聞くのが一番よいでしょう。しかし、テレビ番組や漫画、アニメ、小説、音楽などの話題は多くの子どもが共有していると思います。今小中学生や高校生に流行っているテレビ番組や漫画、小説は、現代の若者の集団の精神の性質を表していると思われるので、時間が許す限り、観たり読んだりしてみることをお勧めします。クラス全員の趣味に付き合うのはとてもむずかしいので、好感を持ちにくい子どもや深い問題を抱えていると思われる子どもの趣味を中心に、共有してみる努力をするといいでしょう。そのような努力は、子どもとその趣味の話題で盛り上がり、今までの低い好感度がアップして信頼関係が深まったと感じた時に、十分報われます。

また、親子関係などの家族や友達関係もよく話題にされます。しかし、親子や友達関係が悩みの本体の場合もあるので、なかなか人には話せないことが多いのも事実です。「そのような話はなかなか信頼できないと誰にも話せない」という気持ちに十分共感することから始めたほうがよい場合が多いのです。【事例3－4】のように、「何か悩みがあるのか？」という質問が、思春期の子どもの心を閉ざす危険性が一番高いということを、十分心得ておかなければなりません。「何か悩みはあるのかと突然言われても、何か問い詰められているようでかえってつらいよね」と相手の気持ちを言葉にして、うなずいてもらうところから始めるのがよさそうですね。

♣『大人は判ってくれない』

また思春期は第二反抗期でもあり、親や教師などの大人に反抗して同世代の仲間との関係を大事にします。昔のフランス映画に、トリュフォー監督の『大人は判ってくれない』という作品がありました。何をやってもみんなと同じようにはできない少年ドワネルが、家庭を飛び出し学校を飛び出し、少年院に入れられ、ついにはそこも抜け出してしまう話です。彼には彼の言い分があり、母親が知らない男性とキスをしているのを見てしまい混乱したとか、悪いことをしてないのに決めつけられたことに腹を立てたとかの理由があるのですが、結果はさまざまな悪事を働き少年院送致にまで至ってしまいます。

この映画が大ヒットしたのは、彼がさまざまな悪事を犯し、少年院に送致され、落ちていったからではありません。ちょっとしたことから親や教師が信じられなくなり、家庭も学校も自分の居場所だと感じられなくなった主人公の心理が、思春期の子どもにはとても親和性のある、心底理解できることだからなのです。この映画を観たほとんどの人は、そんな大胆な悪事も働いたこともないし、家出も怠学型不登校の経験もなく、普通に学校に通っていた人たちです。ところが映画を観た人は、ドワネルのほうが自分に正直に純粋に生きていて、家や学校を居場所と感じていないのに、自分を偽って家出もせず学校にも通い続ける自分を自己欺瞞だと責めるのです。

中学校の教師は、クラスのかなりの数の生徒に嫌われることを覚悟しなければなりません。思春期の子どもにとって、教師の存在そのものが自分を締め付ける権力的な存在に映ります。また、思春期の子どもは人を信頼することにとても過敏で、ちょっとしたことで「こいつは許せない」といきなり大嫌いになってしまう感情の大きな揺れがあります。もし生徒に嫌われたとしても臆せずにその生徒と向き合い、「大事な話なんだけど、あなたはどうも僕のことを苦手と感じてる？」と話しかけて、自分に対する否定的な感情や考えについてざっくばらんに教師に話してもらい、それを話題にできる関係を作ることで信頼感を作っていくことも必要になります。

♣子どもによる信頼性のテストに合格する

そもそも思春期の真っ只中の子どもは、大人をなかなか信用しません。よく教師や保護者の行動を観察していて、欠点や許せないことを見つけるのです。教師も保護者も人間ですから欠点のひとつやふたつはあります。そのことで嫌われてしまうとしたら本望ではありません。しかし「先生のここを僕は嫌いだ」とはっきり言える関係は、逆に何でも言い合える関係という意味で、子どもにとっても貴重なつながりになるのです。そのような否定的な感情をぶつけても気分を害しすぎたり、自分を見捨てたりしない先生を求めているとすら言えるかもしれません。

思春期の子どもは、わざと教師が叱るようなことを言ったり行ったりして、教師がどのような反応をするのか観察している場合があります。そのような時に、教師の立場や言い分も無視せず、子どもの信頼に応えるためには、どのように言葉を返したり行動したりすればよいのかについて、考えてみます。

筆者（吉田、二〇〇三）は、子どもの信頼性のテストに合格するために必要なことを論じました。最初の出会いにおいて重要なことは以下の三点です。

(1)　教師との初対面の出会いにおいて、強い不安を引き起こしているということを理解します。その不安は子どもによって表現されている、いないにかかわらず存在しているのです。その不安の中でも多くの子どもに共通する不安は、以下の四つです。

①教師やカウンセラーも周囲の無理解な人たちと一緒ではないかという不安

②この人に秘密を打ち明けてもそれを守ってくれるかどうかという不安

③秘密を話したとしても、それをちゃんと理解してくれるかどうかという不安

④この人は自分にとって役に立つのかどうかという不安

これらの不安をできるだけ感じとり、できればそれを言葉に表したりして子どもと共有するように努めましょう。

(2)　相談を受けるか受けないかの決定権はあくまでも子どもにあるということ、相談を受けるにせよ受けないにせよ教師はどちらにも対応できるということを示せることが大切です。そして、相談してく

れるなら、自分としては子どもの苦しみに対してできるだけ援助していきたいという気持ちに溢れていること、そのためには子どもの気持ちをわかりたいし、その苦しみを理解したいと感じていること、またできるだけ率直に子どもとかかわりたいなど、教師にできることを提示したり伝えたりします。相談が相談たるゆえんは、あくまでも子どもの内的な世界に関心を持ち、子どもの気持ちに共感し続けることにあります。

(3) (1)の①に関連することですが、子どもにとって自分が、今まで子どもの周りに存在して子どもを苦しめてきた人とは違うことを、できるだけ示すことも大切です。言い換えれば、子どもにとって教師が新しい対象として子どもの世界に登場することを演出します。そのためには、子どもが両親や親族、教師などを普段どう思っているのかについて、十分理解していなければなりません。子どもが親を口うるさいと感じているなら、口うるさく思われないように注意しなければなりません。教師が、子どもに対して、子どもが戸惑ったり、がっかりしたり、腹を立てたり、かえってつらくなるアドバイスをすると、「あなたも両親と同じ言い方をするんだ」と、一気に急激な幻滅が起こってしまいかねません。子どもにとってできるだけ新鮮な出会いになれば、教師と共に作業することも新鮮な体験となり、信頼感も増していくと思われます。

【事例5－1】 勧められて教育相談を受けに来たふたりの女子中学生

ある日養護教諭が、心配な中学三年生の女子がふたりいると相談してきた。ふたりは保健室を訪れて、他の生徒がいる前で、リストカットをしていることを妙に明るく話すので、どう対応したらよいのかわからないと言う。そこでふたりに教育相談を受けてみるように勧めてもらった。

次の日、養護教諭に連れられてまずひとり（A子）が部屋に入ってきた。A子は、「B子（もうひとり）が来るまで待っている」と言い、貫くような目で筆者をにらむ。B子が来ると、「そんなしゃべることないわ～」と筆者と目を合わせずに言い、折り紙を折り始める。

いきなりA子が、しばらく前に学校内で起こった事件について質問してくる。この事件は、筆者がかかわっていた生徒が起こした事件だとみんな知っていたので、カウンセラーとかかわった生徒がどんな目に遭うのかという不安から出た質問だとわかり、プライバシーに配慮しつつ正直にありのままを丁寧に説明した。

その話がひとしきり終わると、A子がB子と目配せしながら、「私たち万引きしてんねん」と、挑発してくるような目で言った。筆者は叱責風に聞こえないように気をつけながら、「いくらくらいのものを万引きするの？」と聞いて、二、三千円のものとわかってから、「補導されたら結構大変なんでしょう？」と、子どもの立場の不安に波長を合わせて心配する言葉を口にした。するとさらに挑戦するようににやにやと笑いながら、「私たち援交しようかと思ってるんだ。お小遣いがほしいし、興味もあるし」と言った。

そこで筆者はふたりの目をしっかりと見つめて、セックスは身も心も愛し合っている者同士がするものであって、そうでないセックスは心を虚しくするだけだということを力説した。するとB子が、それまで集中していた折り紙から顔を上げて筆者をしっかりと見て、「それわかる！　この間まで付き合っていた男の子、自分は別に好きじゃなかったけど、告られたから付き合ってみただけなのに、会えば体の関係がどこまで進むか楽しみだという話ばかりですごくやだった！」と、気持ちを込めて話し、A子も、「私もとにかく別れなさいってB子に言ったんだ」と返し、恋愛の話を三人でしているうちに打ち解けてリラックスした雰囲気になっていった。その後B子が、母親を殺したいくらいに憎く思っている話をし、A子は、小学校の頃に受けた過酷ないじめの話と、今まで誰にも言っていない幼い頃に受けた性的虐待の話をしてくれた。

彼女たちが投げかけた三つの質問は、カウンセラーへの信頼性のテストだったのです。最初の質問はカウンセラーの仕事についての質問、次の質問はカウンセラーが詳しく話も聞かないで頭ごなしに叱責する人かどうかの質問、最後の質問は、彼女らが一番関心のある恋愛と性的な事柄についての問題を茶化してカウンセラーに質問することで、カウンセラーの許容度と包容力を確かめる質問だったのでしょう。それなりに合格点を取り、彼女らのカウンセラーに対する不安を減らすことができれば、本当に相談したいことを相談してくれるようになるのです。

第7節　ひきこもりの子どもとつながる方法

学校において、不登校は深刻な問題です。子どもが学校に来られなくなるだけでなく、自宅にひきこもり、教師が会いに行っても顔を合わせてくれなくなると、取りつく島もなく、教師も無力感に苦しむことになります。せっかく会うために家庭訪問に行っても、会ってくれないとか、会いたくないと言われると、自分は嫌われているのかと教師の自尊心も傷ついてしまいます。

一般的なカウンセリングなら、子どもや保護者から自主的に相談したいということがなければ、原則的にはカウンセラー側から働きかけることはありません。しかしひきこもりの場合、心のどこかでは誰かに手を伸ばしたい気持ちはあるのに、自分から相談を人に持ちかけるだけの信頼を人に持てない問題を抱えているケースがほとんどです。専門性から、なんらかの救いの手を差し伸べてあげなければならないと感じさせられるのです。ましてや教師は、担任である限り、来るなとか会いたくないと言われても援助し続ける責任を背負っています。

♣三分間だけ会ってくれないか？

そのような場合に、田嶌誠一（一九九八）は、〈三分法〉とでも呼べる方法を提唱しています。その理念は、〝押しつけがましくないおせっかい〟という概念です。助けてほしくないと主張するひきこもりの児童生徒に教師やカウンセラーが手を差し伸べる根拠は、「自分としてもおせっかいは焼きたくないが、かといって本心ではあなたの役になんとか立ちたいと思っている。だから決して押しつけはしないので、制限つきで援助させてもらえないだろうか？」というスタンスと距離感なのです。

具体的に述べると、絶対に顔を合わせたくないので帰ってほしいと言う子どもに対して、「君は僕に会いたくないから帰ってほしいというけど、僕は教師として君を放っておけないしなんとかお役に立ちたい。そこでものは相談なんだけど、三分間だけ会ってくれないか？　三分経ったら必ずすぐ帰るから」と約束して会う方法です。そして、この方法の要点は、三分間の間に何を話すかということではなく、三分間経ったら本当に速やかに帰ることで、約束を守る人間だということで信頼感を形成しつながっていく方法なのです。

この方法の利点は、教師やカウンセラーと会うこと自体を怖がって怯えて、何も話したくないと思っている子どもに、三分間というほとんど何のプレッシャーにもならない時間を与え、また何を話すかというプレッシャーもほとんど感じさせずに、信頼感だけを作り出せることにあります。大事なことは、三分経ったらすぐ帰ることです。一般的に同じような言い方で会うことに成功すると、人情として三分経っても、「せっかく会ったんだからもう少し話をしよう」と言って無理に居座り、次に家庭訪問に行った時には会ってもくれなくなってしまったという失敗は、何人もの教師やカウンセラーがしていると思います。それは、その引き伸ばし作戦そのものが、子どもをイライラさせ、約束を守らない人だと感じさせて、信頼感を低めることにしかつながらないからなのです。

この方法で会えたら、しばらくは三分間なら会ってもらえる関係になると思います。焦らずその関係を続けて、子どものほうから、「実は昨日お母さんに叱られてむかつく」という話が始まり、三分間経って教師が、「ごめん、時間だから帰るね」と言った時に、子どものほうから「今日は十五分に伸ばしてあげるから、もう少し話そう」と延長の希望が出ることで、教育相談になっていくのです。

とにかく、会いたくないとか、かかわってほしくないという気持ちの子どもに対して、引き際を見極め、さっと引く技術は大切です。

【事例5−2】 グループから無視されて不登校になった女子中学生

中一の女の子A子が登校しぶりを起こしているという連絡が担任から入り、面談をした。すると、小学校からの友達グループから無視・シカトされて、なんとか関係をやり直したいんだけど、それができないのがつらいということがわかった。グループのボスはB子、サブがC子、第三位がD子の七、八人のグループだった。女子のグループのむずかしさに共感して、話を聴いていると、徐々に動揺は減り、別の友達二人と仲良くなり、問題は落ち着いた。

ところが、グループ内でクーデターが起こり、第三位のD子が、サブのC子を気に入らないとボスのB子に進言し、ボスが同意したので、しばらくするとC子が不登校になった。学校に来ないばかりでなく、ほとんど外出もせずにひきこもっているらしい。その一カ月後、不登校担当教員から依頼があり、担任から本人に連絡を取ってもらいスクールカウンセラーが学校に来ているので話してみないかとC子に誘ってもらった。その結果、C子は「会いたくない」と言っているということだったが、担任に了解を取り、一度筆者から電話をしてみることにした。電話をすると本人が出てきた。自己紹介をして、今日来ているからよかったら会いに来ないかというと、小さな蚊の泣くような声で、「いいです」というので、目いっぱい引き際をよくして、「じゃ今日はやめようね」と即断し、「ただし同じ曜日に来てるから、できるだけあなたの助けになりたい気持ちなので、もしよかったら相談に来てね」と伝えてすぐに電話を切った。

次の週、学校に来てみると、C子が母親に連れられて筆者に会いに来ていた。相談に来たものの、少しふてくされた表情で視線を合わせずにソファに腰を下ろし、ものすごい緊張感をかもし出しながら沈黙していた。その緊張感を軽くしたかったので、「部屋に置いてあるぬいぐるみは、朝会で生徒に、閑散とした相談室にぬいぐるみを寄付してくれませんかと声をかけたら持ってきてくれたものだ」と説明し、しばらく部屋を見回した。いくつか話題を出したが無視されたりしているうち、きょうだいの話にC子は関心を示し、姉も不登校だったという話をして、不登校をしても悪びれたところがない姉が好きだという話で盛り上がった。

次の回からは普通に話をしてくれるようになった。不登校になったきっかけも話してくれた。それによると、不登校になりかけた頃に、人間関係でもめていることに気がついた担任が、C子と、B子、

D子と数名を呼び出して話し合いをさせた。その話し合いの席にはボスのB子は歯の治療で欠席した。話し合いが始まって、どうしたんだいという担任の言葉に、D子と数名が、C子の悪いところを一気に責め立てて、無視するようになったのはC子に原因があると主張した。C子はむかついて黙りこくった。すると担任が、C子に、「みんなはこういうふうに思ってるみたいだよ。あなたはどうなの？」と聞いてきたけど、担任にも腹が立って黙っていた。すると担任が、「あなたにも言い分はあるだろうけど、D子たちはあなたが悪いと感じているみたいだから、あなたも自分を少し直しなさい」と言って話し合いは終わった。その日以来、人間不信に陥ったC子は不登校になったのである。

C子は、筆者のところに相談をしに来ているA子とも親しくなった。C子は、グループがA子を仲間はずれ・無視・シカトをした時の話もしてくれた。それによると、泣き虫のA子をB子とC子で相談して〝きしょい〟から無視しようということになったらしい。A子が悩んで苦しんで学校を休み始めた時は、裏で「学校を休むなんて情けない。そういうところがなおさら〝きしょい〟」などと話していたらしい。

筆者は、女子の人間関係の恐ろしさを垣間見たような気持ちになった。ところが、A子は、C子に登校してくるように何度も励まし、C子もその励ましに応えて、学年が変わったきっかけで登校を再開し、無事卒業していった。

この事例では、電話で面接を断られた時に、切れ味鋭くすぐ引いたことが信頼感につながり、次週に自分から母親に連れられて登校することにつながりました。子どもの『押しつけないで』という雰囲気に対して、カウンセラー・教師は、『決して押しつけないよ』という明確なメッセージを発することです。そのためには、人の心に土足で上がりこんでなかなか出て行かない押し売りのようなことはせずに、切れ味鋭く目の前から消えることが信頼関係の形成に必要なのです。

第6章　発達障害のある子の理解とつながり方

第1節　障害のある子の就学をめぐる教師と保護者の対立

近年学校現場で、発達障害などの障害を抱える子どもを受け入れることから生じるさまざまな問題が取り上げられるようになりました。学習障害（ＬＤ）、精神遅滞、自閉症、アスペルガー障害、ダウン症、ウィリアムズ症候群、注意欠陥／多動性障害（ＡＤ／ＨＤ）など、さまざまな障害を抱えた子どもたちが普通学級に通学しています。

この問題でも、本書が取り上げてきた、保護者と教師との考え方、ものごとの受け止め方、障害のある子の親であるかないかの立場の違いによる行き違いや誤解、傷つけ合いなどのさまざまな対立が学校現場で見られます。保護者も教師も、そして子どもも、三者がみんな納得して問題に取り組んでいるという到達点に達するまで、ただひたすらにお互い気持ちをぶつけ合って、傷つけ合ったり、お互いの無理解に苦しんだりすることがよく起こるのです。

☘特殊教育から特別支援教育へ

二〇〇六年の「学校教育法等の一部を改正する法律案」の可決に伴い、二〇〇七年四月から障害児教育（特殊教育）の新たなシステムが実施されています。それによると、従来の特殊教育という概念から特別支援教育への移行、盲・聾・養護学校が統合されて特別支援学校へ移行、教員免許の制度も障害種別を一本化した特別支援学校免許状へ移行、特殊学級から特別支援教室への移行というドラスティックな変革がなされます。この新しいシステムが実際にどのようなものになるかは、これから徐々に明らかになっていくでしょう。

特別支援教育とは、障害のある子にどのような特殊な教育を与えるかという視点ではなく、障害をひとつの個性としてとらえ、支援を必要としている障害児の主体性を尊重しつつ、その成長と発達を支援していく視点への移行です。現在、ＬＤ児、ＡＤ／ＨＤ児、高機能自閉症児、情緒障害児、言語障害児など発達障害のある子の普通学校での支援体制作りが教育委員会の急務となっています。本書では、とりあえず従来の特殊教育の枠組みで議論します。

さて、現在までの障害児教育の一番大きな主題は、統合教育なのか特殊教育なのかという問題だと言えるでしょう。障害児教育に関する先進地域では、地域をあげて統合教育やノーマリゼーション（障害のある人一人ひとりの人権を認め、取り巻いている環境を変えることによって、生活状況を障害のない人の生活と可能なかぎり同じにして、「共に生きる社会」を実現しようとする考え方）、バリアフリーという問題に取り組んでいるので、どんな障害のある子でも親の希望があれば普通学校あるいは普通学級で受け入れる体制を整えている場合もあります。しかし、多くの地域では、幼稚園の年長の秋頃に、地域の適正就学指導委員会などによって幼稚園訪問や保護者の面談が行われ、どの子どもに養護学校＝特別支援学校が適正で、どの子どもに普通学校が適正なのかの検討を行います。

教師や教育委員会は、子どもの障害に応じて、専門家の意見を参考にしながら、重度の障害のある子どもや、特定の障害を持ち普通学級での受け入れが困難と思われる子どもは、盲学校、聾学校、知的養護学校、病弱養護学校、肢体不自由養護学校などへの就学を指導する立場をとっています。二〇〇六年に施行された改正学校教育法ではこれらの養護学校がすべて特別支援学校へと集約されることが決定されたので、今後かなりの変革がなされると思いますが、障害のある子どもは特殊教育を受けることが望ましいというのが、文部科学省および地域の教育委員会の方針だと思われます。

♣普通学級に入れたい保護者の思い

ところが、保護者は、そもそも自分の子どもの障害をどうしても認めたくない気持ちがあり、普通学校への就学しか考えられないケースもあります。あるいは、自分の子どもを普通学校・普通学級に入れて障害が少しでも改善されてほしいという願い、あるいは普通学級に入れれば普通の子どもに近づいていくのではないかという期待があり、普通学校に入れるのを望む場合があります。また、自分の子どもの障害を受け入れている場合でも、普通学級で普通の子どもとかかわったほうが社会性も伸びて幸せになれるのではないかという期待の気持ちがあったり、かなり重度の障害のある自分の子どもが、普通の子どもと生活することで、普通の子どもに障害のある子への偏見を捨て障害のある子の理解を深めていける役割を担えるのではないかという想いがあるなど、さまざまな気持ちや考えの下に、迷いながらも普通学校・普通学級に通わせたいという考えを強く持つことがよくあります。

ここで、保護者、幼稚園・保育園の教員、保育士、受け入れ側の小学校の校長や担任、特別支援学校の教員、教育委員会の指導主事、精神科医や臨床心理士などの専門家など、さまざまな立場の人をめぐり、さまざまな思いや考え方が交錯して、人々が動揺したり傷ついたり腹を立てたり喜んだりするのです。

学校側としては、とくに障害児教育の先進地域でない限り、障害を抱える子どもは特別支援学校に行ってほしいと思うのも無理からぬところがあります。受け入れ態勢のないままに障害のある子をクラスに受け入れることの苦労と大変さは、一度体験した人なら十分わかっています。経費削減の状況下で、加配の教員の数をますます減らされていく中、加配教員もないままにクラスに複数の発達障害のある子を抱えたら、担任として一年がんばっていけるのかどうか自信がない教師の気持ちがあります。

一方、保護者も、障害のある子どもを抱えるストレスと重荷、自分自身と子どもの将来への不安や恐れを抱え、就学問題について気持ちの揺れと葛藤を抱えているところで、幼稚園の教員のちょっとした一言に傷ついたり、近所の人の障害のある子への無理解に基づく心ない一言にショックを受けたり、適正就学委員会での地元の小学校長に受け入れ拒否とも取れる冷たい発言をされて深く落ち込んだりするのです。

障害のある子を抱える保護者と教師との間に横たわる深い不幸な溝は、どのようにして埋めたらよいのでしょうか。

第2節　障害のある子を抱える保護者を支える

第一に、第3章第6節で述べたように、行動と行動の背景にある気持ちを混同せず、行動は受け入れがたくても、行動の背景にある気持ちには十分共感する余裕を教師が持ちたいものです。

♣保護者の期待を一方的に否定しない

仮に重度の自閉症を抱える子どもの保護者が、子どもを普通学校に通わせたいという思いを述べた時に、幼稚園の先生や受け入れる側の小学校の先生が、自分の立場からの意見や言い分をすぐ述べたら保護者がどんな気持ちになるのかを、想像力で十分理解する必要があります。なぜ、子どもを普通学校に通わせたいのか、保護者の思いがあるのです。たとえ重度であっても、普通学級に入れれば子どもの能力が伸びていき、少しずつでも普通の子どもに近づいていけるのではないかという思いは、どんな保護者でも持つのです。

教師から見れば、子どもの抱える障害の重さからすると、普通学級に入れてもとてもやっていけないと思え、担任の苦労は目に見えているし、できるだけ特別支援学校に行ってほしいと思います。しかしその思いは保護者を傷つけるのです。自分でも自分の子どもの障害を受け入れがたく思っているので、教師にはっきりと普通学級は無理だと言われると、子どもの可能性を否定されたように感じて、落ち込んでしまいます。

だから、まず教師にできることは、自分の言い分を保護者にすぐ伝えて押しつけるのではなく、障害のある子を抱えた親の苦労や将来への不安を思いやり、就学をめぐって気持ちが揺らぎ、期待と不安と疑問と絶望とが入りまじり、とても気持ちが塞いでしまうという保護者の気持ちに共感することです。教師の言い分をどのようなタイミングで保護者に伝えるのかをしっかり考えること、自分の言い分を伝えるとしても、〈対決の技法〉（第4章第6節）で述べたように、保護者に十分共感し、自分の言い分を伝える際には前置きを加えたり、言い回しにも気を配りして正確に言い分が保護者に伝わるように努力し、また自分の言い分を伝えたことが保護者に与える影響にも思いやりを持って接することが大切です。

♣統合教育対特殊教育

第二に、統合教育やノーマリゼーションの考え方に十分触れて、よくその内容を理解することです。現代は、保護者が強く望めば、どんなに重度な障害のある子でも普通学校で受け入れることになります。ところが、上に述べたような感情的な対立が、統合教育対特殊教育という学問的な対立の形で進行することが多いのです。その典型的な議論を理解しておくと、ついつい言ってしまいがちな意見を自覚することができます。

まず、特殊教育を勧める立場の教師側のよくある言い分は、次のようなことです（志賀、一九八七）。

①障害を持つ子どもは通常の授業には全くついていけず、時には授業を妨害し、他の生徒に迷惑をかけることさえある。
②その子の発達に合った、専門的な教育を受ける機会がほとんど無い。
③他の生徒から一方的に援助を受けることが多く、依存的となり自立心が育たない。
④いじめや中傷の対象となりやすい。
⑤予期できない行動を示すことから、障害を持つ子ども自身あるいは他の生徒の安全性が保ち切れない。
⑥特殊学級や養護学校といった立派な施設があるのに何故。
⑦現時点では、学校、学級、職員の受け入れ体制が整っていない。

それに対して統合教育の立場のよくある言い分は、次のようなことです。

①学校や特殊学級へ通うことを望んでいる障害を持つ子ども自身あるいはその両親は、はたしてどれほどいるのか。
②なぜ家から遠く離れた学校へ、近所の友達と別れてまで通うのか。
③幼稚園、保育園では比較的多く統合保育が行われているのに、どうして学齢に達したその日から選別されなければならないのか。
④就学相談などで、ただ「あなたの子どもにはここが一番いいですよ」と言われるだけで、選択できる学校はどれだけあり、それぞれの特徴はどうで、選択に際し親の権利はどうなるのかなどの説明はまったくなされない（後からだまされたような気分になる）。
⑤特殊教育を受けないと、「将来の社会参加が困難になる」と誰が証明できるのか。あるいは養護学校、特殊学級で卒業後の（学校教育期間よりも実際にははるかに長い）処遇まで十分なケアを行ってくれるのか。
⑥特殊教育を行っている教師は、はたして本当に専門的訓練を受けてきているのか。あるいは特殊教育に情熱を持っている人材を登用しているのか。
⑦特殊教育で指導している内容が、現実の社会で生活していく事とあまりに掛け離れている。そのうえ、障害を持たない同年齢の友達とかかわる時間は、極端に少なくなる。

♣保護者の立場・教師の立場

特殊教育を勧める立場の言い分を、保護者の立場で受け止めてみてください。①を読んで、自分の子どもがみんなの迷惑になると見られていることに深く傷つきます。また、発達障害の専門教育を受けていないとか、学校の受け入れ態勢が整っていないなどの意見に対しては、責任逃れのように感じます。しっかり勉強して受け入れ態勢を整えれば、自分の子どもを担当できるのではないか、それができないのは怠慢ではないかという気持ちになります。

逆に、統合教育の立場の言い分を教師の立場で受け止めてみましょう。障害があるというだけでなぜ近所の学校に通えないのか、幼稚園では比較的統合保育の実践があるのになぜ小学校で選別されるのかなどの気持ちは、確かに保護者の立場に立つと見えてくる疑問で、教師も言い分に共感できるのではないでしょうか。④については適正就学指導委員会の中で修正できる内容です。⑤〜⑦は、自分に言われても手に負える問題ではないと感じてしまうくらいに大きな問題だと感じます。

どちらにせよ、一生障害のある子どもを抱えて苦労していくのは、保護者のほうです。仮に障害のある子を受け入れることは学校においてかなりの負担を強いられるにせよ、一度受け入れたら、ノーマリゼーションと統合教育の立場から、保護者をねぎらって支え、子どもにはよい体験を与え、他の子どもには障害のある子と触れ合うことを通して学べることや、共生について教えることに真剣に取り組んでほしいと思います。

♣すべての親が〝淡い期待〟を抱く

第三に、障害のある子を抱えて生きていくという運命に翻弄される保護者の立場をよく理解することです。保護者にとっても、自分の子どもが障害を抱えているということを知らされたのは寝耳に水なのです。自分の子どもが障害を抱えて生きていくという事実を受け入れることにどれだけの苦労があるのか、教師も知っておいたほうがよいでしょう。

保護者も最初は障害について無知なところから出発するのです。どんなにそれが大変な事態であり、どんな苦労を引き起こしていくのかを理解していません。それが、年齢が上がるにつれて、家族全体を〝大騒動〟に巻き込んでいきます。すべての親は、最初は、「ひょっとして治るのではないか」という淡い期待を抱くのです。この〝淡い期待〟がどのくらいの期間続くかは、障害の程度や保護者の性格にもよるでしょう。〝淡い期待〟は多少の波はありながらも、しばらく続く感情です。

一方で、障害児に対する周囲の無理解と偏見に、保護者は大変苦しみ、夫婦喧嘩は絶えず、きょうだいも苦しみ、家庭崩壊しかねないところまでいくケースもあります。子どもを外に連れ出すたびに、子どもの多動に苦しみ、知らない人に向かって突然叫んだり、お店の物を勝手に取ったりするたびに身の縮む思いをして、周囲の「躾の悪い子」という奇異な視線に晒され、つらい思いを重ねる場合もあります。

そのようなことを繰り返していくうちに、自分の子どもが普通の学校生活を送り、普通の仕事に就き、普通に結婚して子どもをもうけ、普通に暮らしていくという希望を喪失していくという長い道のりが始まるのです。

第3節　保護者の障害受容のむずかしさ

保護者が子どもの障害を受け入れる道のりは簡単ではありません。もちろん、子どもの障害を受容して、子どもを育てる喜びに満ちて、胸を張って子育てをする保護者もいます。しかし、多くの保護者は、子どもの障害を受け入れたと思ったらまた否定しようとしたり、世間の冷たい態度に受け入れられない気持ちになったり、日々気持ちが揺れます。保護者の障害受容は、螺旋的に進んでいきます。

身内の病気や死、障害の受け入れをめぐる心理は、①否認、②怒り（恨み）、③絶望（うつ）、④受容の四つの気持ちの周囲をぐるぐると回ります。

☘障害を否認する思い

第一に、保護者にとって子どもの障害を否認したいという思いが強く、自分の子どもに障害があるということを受け入れることは、最初は大変な困難を伴います。まずどんな親も否認します。うちの子どもにかぎってありえない、専門家に指摘されても、「何かの間違いだ、別な専門家に見てもらえば、きっとそんな心配は無用ですと言ってくれるだろう」という思いがしばらくつきまといます。

とくに、後で説明する学習障害やアスペルガー障害などの子どもの親は、精神遅滞や自閉性障害に比べて、幼い頃からの明確な精神発達遅滞が見られないために、どこか普通と違うと感じても、「きっとこれは子どもの個性の範囲内だ」と自分に言い聞かせて、否認し続けることも多いのです。今は、高等学校にも発達障害のある生徒がかなり在籍しています。そして高校生になったり、就職が目の前に迫ったりしてから、ようやく保護者も自分の子どもの障害を受け入れざるをえなくなるというケースも増えているのです。

担任がクラスの様子から子どもの発達障害の可能性を考え始めたとします。保護者を学校に呼び、いきなり障害の可能性の受け入れを迫ったりすると、保護者は教師の発言に傷つき、教師への怒りと不信感でいっぱいになり、頑なに教師を拒否するかもしれません。教師は、まず家での子どもの様子にしっかりと耳を傾けて、学校での様子と照らし合わせて、保護者自身の子育ての悩みから自然に子どもの障害の可能性の問題へと話題が進むのがよいでしょう。

しかし、クラスでの子どもの困難さにもかかわらず、保護者の話では、子どもがまったく問題ないように見えるということになったら、〈対決の技法〉を用います。保護者の言い分を十分受け入れ、それに共感した上で、教師の立場からの言い分を、前置きをしつつ、言葉遣いに配慮して保護者に伝えます。また、教師の言い分が保護者に与えたショックに十分共感していき、保護者がクラスでの子どもの様子を受け入れていけるように、じっくりと話し合いを進めることが大切です。保護者にいたずらに障害受容を迫るのではなく、障害のある子どもと一生重荷を抱えて生きていく保護者の味方になることから始めましょう。

♣出口を求める怒り

第二に、障害のある子を抱える保護者は、自分の子どもが障害を持って生まれてきたことに対して、なかなか受け入れられず、かといってそれを誰かのせいにして怒りもぶつけられないまま、自分を責めたり、運命を呪ったり、神様を恨んだりします。このぶつけようのない怒りは、いつもどこかで出口を求めているのです。

ですから、周囲の心ない発言や、何気ない教師の発言に対しても、自分の怒りを止めることはできません。夫が自分の期待どおりに守ってくれたり理解してくれたり手伝ってくれたりしないだけで、激しい欲求不満が起こり、怒りを夫にぶつけます。その裏の気持ちは、「あなたは夫なのに、私がひとりで子どもが障害を持っていることの悲しみを引き受け、世間からのつらい仕打ちに耐え、ぼろぼろになりながら子どもの面倒を見ている、この私のしんどさ、どうしようもないつらさ、死んでしまいたい、あるいは子どもを施設にでもあずけてしまいたいくらいに思い、またそう思う自分が大嫌いで自分を責めてしまうこの苦しみを、なぜわかってくれないの？」という強い救いを求める声なのです。

教師に対しても、学校の教師なのに障害のある子に対する理解がない、教育者なのに障害のある子を排除する、担任として保護者である自分の苦しみを理解しようとしないなどの強い不満が噴出することもあります。この激しい不満は、教師に、障害のある子を抱える私のこの苦しみ、しんどさ、つらさをわかってほしい、救ってほしい、誰にもぶつけようのない抑えようのない激しい怒りの気持ちをどうにかしてほしいという、隠れたメッセージです。障害のある子を抱えて生きるという悲しみや怒りは、個人がなんとかできるものではありませんから、周囲の人々や社会が受け止め支えることが必要です。それが、まさにノーマリゼーションです。障害のある子を受け入れる社会を作るだけがノーマリゼーションではありません。障害のある子を育てる保護者を社会に招きいれ、決して孤立させずに、その苦しみを理解し癒すことが、社会の成員に求められているのです。

後述する【事例８－１】の小学校の先生も、発達障害のある子どもの保護者が苦情をいいに来られた場合は、必ず三時間以上話し合いをして、しっかり気持ちを受け止めて、雑談も一時間しっかりして帰ってもらうことを心がけていたそうです。そのような教師の覚悟と思いが、障害を抱える保護者の怒りを沈め、信頼関係を作っていくのです。

もちろん、教師が燃え尽きてしまうことは、本望ではありませんし、保護者も罪悪感を感じて余計つらくなります。教師は第４章で述べたストレスマネジメントによってストレス発散をし、心の健康を保つことが必要です。学校でも孤立せずに、学年で相談にのってもらったり、学校で愚痴や弱音を吐ける場を持つことが大切です。そのような場を担任が得ることができるような、学校のサポート体制作りが必要となるのです。

♣絶望からうつへ

第三に、いくら否認し、怒りを誰かにぶつけても、最後に怒りは自分に向けられて、障害のある子を産んだ自分を責めたり、悔やんだり、あるいは結婚そのものを後悔したり、リセットしたいという思いに駆られ、それが無理だと感じると死にたいという思いも浮かび上がってくるという、うつと絶望感が何度も襲ってきます。それを他人に告白すると、「そんなことでどうするの？　あなたがしっかりしなきゃ」と必ず否定されてしまいます。誰かに障害のある子を抱える絶望感を話して聴いてもらうことは、大変困難です。そのためにカウンセラーが必要になる場合もあります。カウンセラーは、専門的にどんな話でも聴いて受け入れてくれる存在だからです。

うつと絶望感は、障害のある子を抱える保護者の、ぎりぎりの愚痴であり弱音です。このような気持ちになるくらい、自分が追い詰められ、苦しくてつらいということをわかってほしい、癒してほしいということです。教師も、限界を越えない程度に、この気持ちも受け止めて、そのような気持ちでいる保護者に、よかれと思う言葉をかけましょう。どのような言葉がそのような状況で励ましになるのか、教科書はありません。絶句するしかない場合もあるでしょうし、なにか保護者を励ます言葉が浮かんでくる場合もあるでしょう。これほど絶望的な気持ちになることもあるくらいに、障害のある子を支え続け育て続けることは、保護者に負担を強いるのだということを理解することが大切です。

♣わが子に支えられていることへの気づき

第四に、否認、怒り、絶望の感情は、入れ代わり立ち代わり保護者の心を去来しますが、そのような否定的な感情以外に、障害のある子であっても、自分の子どもがこの世に存在してくれていることを喜びに感じられる、受容の気持ちが保護者の心に浮かび上がることもあります。最初は、泡のように現れて消えてしまうはかない気持ちですが、徐々に子どもを受け入れる気持ちが強くなっていき、時には否認したり、怒りまくったり、絶望に浸ったりしながら、七転び八起きしているうちに、ふと自分がこの障害を持つ子どもに支えられて生きていることに気づくのです。

この四つの気持ちは、子どもが成人になっても、入れ代わり立ち代わり保護者の心に浮かんできます。子どもの成長に伴って新しい問題が起こるので、ほんとうに大変だと思います。だからこそ、その時々の教師やカウンセラー、子どものセラピスト、発達相談員、小児科医など、さまざまな人に支えられ受け入れられる必要があるのです。

教師も気苦労ばかりで大変でしょう。でも、相手の人生に力と勇気を与えているのだという意味を感じていれば、どんなに心身ともにエネルギーを使ったとしても、それは〈良いストレス〉なので、三つのRのストレスマネジメントをすればがんばることができます。一番心身に悪いのは、受身でいやいや義務として仕事をすることです。そのような受身で後ろ向きの義務ストレスは、〈悪いストレス〉として、心身症やうつの原因になりやすいのです。〈悪いストレス〉から〈良いストレス〉へと変えていくためには、自分の仕事に意味と誇りを感じて有意義に生き生きと生きるということが一番です。

♣発達障害のある子への指導

次節から、教師が学校で出会う発達障害のある子どもたちの特徴、理解の仕方、つながり方について説明します。ただし、発達障害の診断は専門的なものですから、教師が中途半端に学んで、かえって色眼鏡で見てしまったり、誤解したりということも起こりやすいのです。障害がある、なしで人を差別せず、障害もひとつの個性ととらえ、基本的に子どもは子どもとして、幸せに生きていけるように指導・援助するという態度が一番大切です。

発達障害のある子どもは、それぞれ特徴的なプロフィールもありますが、発達障害として共通に持っている特徴もあります。ある発達障害だと思っていたら、時間の経過と共に違う障害に移っていったり、発達障害が年齢と共に明確になったり、逆に年とともに穏やかになったり、子どもによってそれぞれです。発達障害診断については、教師が素人判断をするのではなく、つねに精神科医、小児科医、発達相談員やスクールカウンセラーとの緊密な連携が必要です。

子どもを指導していて、他の子どもとのように思うように話が伝わらなかったり、ちょっとしたことでパニックが起こり沈めるまで大変だったり、一方的な話題を、こちらが聞いているかどうかにかまわず話しかけたり、こうしなさいと声かけをした数分後にそのことを忘れているかのように振る舞っていたり、気になることがあれば、他の教員や専門家に相談したり、第7章第5節で述べる方法で保護者を専門機関に紹介する必要があります。そして、発達障害だとわかれば、今まで自分がなぜイライラさせられていたのかがわかり、すっきりして、子どもの障害に合わせた指導ができます。教師にとっても発達障害を抱える子どもにとっても、無理のない指導が行われ、やりやすくなるのです。

第4節　学習障害の子どもの理解とつながり方

学習障害とは、基本的に全般的な知的発達に遅れが見られないにもかかわらず、聞く、話す、読む、書く、計算する、または推論する能力のうち特定のものの習得と使用に著しい困難を示すさまざまな状態を指します。知能検査をすると、独特のばらつきが見られるのが特徴で、できる能力は普通以上の場合もあるので、知的発達に問題があるとは思われにくく、単に集中力がないとか、努力が足りないとか、性格的に落ち着きがないとか、注意力散漫であるとかの見られ方をしやすいという問題があります。

言語理解や聴覚的短期記憶の能力に制限があると、人の話を最後まで聞けない、一度聞いたこともすぐ忘れる、指示・注意が理解できないなどの理解の障害や、一方的な表現で、話にまとまりがない、話したいこと、経験したことを整理して話すことができないなどの表現の障害が見られます。

図形の認知や視覚的処理の能力に制限があると、五十音を十分覚えてない、線や点画上のなぞり書きができない、ひらがな、漢字が読めない、描画が極めて稚拙、本や黒板の文字、文章を書き写せないなどの障害が現れます。

算数や数唱に障害があると、数の大小が理解できない、計算する時に具体物に頼ったり、繰り上げ、繰り下げが理解できないなどの問題が生じます。

言語記憶や継次処理・系列化が弱いと、順序立てて話すのが苦手だったり、工作の手順を理解できなかったり、作文を書くことができなかったりします。

☘二次的な苦手意識を起こさない指導

このような特異な学習困難は、最初は知能の問題であるとわからないため、保護者や教師は、なぜ一度聞いたことをすぐ忘れるのかわからずに、「ちゃんと人の話を聞きなさい」と何度も怒ったり怒鳴ったりして子どもに強く印象づけようとします。しかしその努力が実らないので、徐々に無力感を感じていきます。そうするうちに、子どもがとても頑固な子どものように思えてきたり、反抗的な態度のように感じたりしてしまいます。

実際は特異的な知能の問題なので、本人はどうすることもできないのです。このように、本人にはどうすることもできないことで、何度も何度も叱られていると、学習障害の子どもも、自分が何度言われてもわからないダメな子どもだ、聞き分けのない子どもだ、融通の利かない子どもだと思うようになり、自尊心が低下します。すると、二次的に苦手意識が生じるので、持っている能力すらも発揮できなくなって、学年の上昇とともに学力全般が低下していく傾向にあります。

学習障害の子どもは、言葉が理解できないとか、数が数えられないとか、ものごとの順番が理解できないなどの欠陥を、ダメなこと、恥ずかしいこと、情けないこととして隠そうとするので、必死で普通に振る舞おうとします。しかし、一方で自分がみんなと根本的に違うのではないかという感覚も根づいているで、学習障害の子どもが、幽霊とか宇宙人などを自己イメージとして持っている場合も多く見られます。

学習障害の子どもへの対処で必要なことは、まず専門家により知能検査を受けて、どの能力が弱いのかについての評価をしっかりして、弱い能力を強い能力で補うことです。

【事例6－1】　書字の苦手な小学校二年生男児

ひらがなやカタカナを思い出せないことがよくある。漢字の形がうまくとれない。書字を嫌がり、体調不良を訴え、登校をしぶっている。チックや爪かみが見られ、胃痛や頭痛を訴えて登校しぶりがあったが、小児科医に精神的なストレスからきているのではないかと言われて、教育相談を受けた。知能検査の結果、全検査ＩＱは一一四で平均以上であり、言語概念形成が強い一方で、抽象的刺激の視知覚が弱く、視覚－運動の協応が弱いことがわかった。

そこでまず担任に、本人の書字の困難は認知的特性から生じていること、書字困難によるストレスが、チックや登校しぶりの原因になっている可能性があるため、作文や日記、漢字練習など書字課題の量を調節し、書字の誤りや形の崩れに対してあまり細かく指摘せず、過度の負担がかからないようにすることをアドバイスした。続いて、文字の形を見てとらえることに関しては、文字を構成している線の向きや数を言語化してあげること、文字の記憶に関しては、文字の成り立ちや意味などと関連づけて覚えること、文字を書くことに関しては、線を書く方向を定めること、大きな紙や大きなマス目のノートで練習すること、リズムよく書くなどの方略を用いるなどの助言をした。

指導の結果、本児は、漢字や書字への苦手意識が薄れてきて、指導や書字への意欲を示すようになった。学校でも明るい表情が出るようになり、爪かみやチックもあまり気にならなくなり、胃痛や頭痛などの症状を訴えることもなくなった（服部、二〇〇五）。

♣障害に沿った対応が必要

このように、一見不登校傾向の子どもの背景に、発達障害がある場合も十分考えられます。本児の場合、特異的な知的な弱さがあり、文字の読み取りや書字に対して著しい苦手意識が形成され、そのストレスから二次的にチックや爪かみなどの精神症状や、胃痛や頭痛などの身体化、登校しぶりなどが現れたと考えられます。視覚的な弱さを、得意の言語的な理解で補うことで、徐々に字に対する自信を回復して行き、問題を克服することができました。

障害を理解していないと、苦手だからこそ克服してほしいという教師の思いから課題を多く与えて、子どもを追い詰めてしまいます。一般的に、学習障害の子どもに対して、教師はイライラさせられるので、がんばりを強要してしまい、それが逆に子どもを追い詰めて二次的なストレスを与えてしまうことが多いのです。教師がまず障害を受け入れ、その障害に沿った対応をする必要があるのです。障害への無理解によって子どもを苦しめることには、十分気をつけなければなりません。

学習障害の子どもは、特異的な知的発達の問題以外は、問題を抱えていないのですから、知的に弱い部分を責めるのではなく、知的に得意な部分を生かして幸せに生きることができるための援助をしてあげることが大切です。幸せというものは、知的に高いとか低いとかで決まるわけではありません。学習面での苦手意識を弱める指導ももちろんですが、とりえをしっかり見つけてあげましょう。

第5節　自閉性障害の子どもの理解とつながり方

自閉性障害は、アスペルガー障害と共に、広汎性発達障害に含まれます。自閉性障害は、一九四三年にカナーによる症例報告「早期小児自閉症」以来、治療や教育の取り組みがなされ続けています。一九四四年には、オーストリアの小児科医アスペルガーが、認知・言語能力はかなり高いが、その他の面ではカナーの症例に共通した症例「自閉的精神疾病」を報告しました。

カナーは、早期小児自閉症の基本的特徴として、極端な自閉的孤立（対人関係の希薄または欠如）、同一性保持に対する不安に満ちた強迫的欲求（物やものごとに対する極度のこだわり、固執性）、言語発達の遅れまたは特異性、遅延性反言語（オウム返し）、あることについての異常な記憶力などを挙げました。幼児期の症状特性としては、母親を求めない、抱かれたがらない、まなざしが合わない、指さしが見られない、分離不安を示さない、クレーン現象が見られる（欲しい物を手に入れるために、そばにいる人の手腕をクレーンのように利用する）、言葉の発達が遅れる、名前を呼んでもふりむかない、機械音など特別な音に敏感、耳ふさぎが見られる、ゆれるもの、光るものに固執する、感覚的遊びに集中し、象徴遊び（見立て遊び、ごっこ遊び）ができない、偏食がひどいなどがあります。

児童期に入ると、コマーシャルや数字、漢字、標識などへの興味と特定の記憶（世界の国名やＪＲの駅名や車種名など）へのこだわりなどが見られ、特定のパズルなどを得意として、何回も何回も完成させたりします。

♣あせらず、じっくりとつながりを形成する

社会性の障害、コミュニケーション障害、パニックを伴う同一性保持への強迫的欲求の性質を持つ自閉性障害の子どもと付き合う保護者や教師は、日常的な常識や社交性、礼儀などの基本的な事柄を子どもと共有できない、子どもが何を考えているかなかなかわからない、こちらの思いや考えをなかなかわかってもらえない、子どもがこちらの理解できない物やものごとに執拗にこだわり、自分の思いが通じないとパニックを起こすたびに、戸惑い、苦しみ、無力感に襲われることになります。

自閉性障害の子どもとつながる方法は、まず第一に、自閉性障害の子どもとつながるのはとてもむずかしいということを理解することです。なかなか気持ちが通じ合わない、関係がつかないことに、教師が徐々に疲れて燃え尽きてしまう危険性が大きいからです。自閉性障害は、人とつながることに関する障害です。自閉性障害の子どもとつながることはむずかしいというところから出発することで、逆につながる可能性が芽生えてきます。

第二に、自閉性障害の症状が子どもを守っているということを理解することです。第５章第３節で述べ

た、症状の持つ〈安全弁〉としての意味が自閉性障害にも当てはまります。自閉性障害の子どもは、とても過敏で、たとえて言うなら、傷口がむき出しの怪我を症状で守っていると考えたらよいでしょう。自閉性障害の子どもは視線が合わないと言いますが、微妙に合っていることもあります。ただ、自分の統制の下にないものに対して極端に不安になるのです。抱っこも不安を喚起します。同一性保持も、同じことを繰り返し、同じことにこだわることで自分を守っているのです。だからこそ、同じことを繰り返している子どもの邪魔をするとパニックを起こすのです。この、こだわりの裏に極度の不安があるのです。

第三に、自閉性障害の子どもとつながる方法は、自分の土俵に子どもをあげようとするのではなく、子どもの土俵にあがるということです。子どものペースに合わせ、子どもについていき、子どもと同じことをしてみます。子どもと同じ視線で子どもが見ているものを見てみましょう。子どもが紐の揺れるのをじっと見つめていたら、一緒に紐が揺れるのをじっと眺めてみましょう。すると、ゆっくりとではありますが、子どもがこちらのことを意識し始めるのがわかります。子どもが感覚的な遊びに夢中になっていたら、同じことをしてみましょう。砂をさらさらと落とす遊びが自閉性障害の子どもは大好きです。オウム返しも真似をしてみましょう。すると子どもはちらっとこちらを見ます。目が合うとびっくりして逸らします。子どもの土俵にあがってみると、初めて子どもが自分の存在を受け入れようとするのを感じるのです。

第四に、子どもの興味に合わせて、関心を引きつつ、少しずつこちらの土俵にもあがってもらうように指導していきます。ここがなかなかむずかしいところですが、進歩はゆっくりと起こることを肝に銘じて、じっくりと取り組む姿勢が大切です。自閉性障害の子どもが、少しでも多くの教師や子どもに興味や関心を持てるようになれたら、本当にいいと思います。

第6節　アスペルガー障害の子どもの理解とつながり方

アスペルガー障害は、共感性の欠如、無邪気で一方的な人との関係の持ち方、友人関係を作る能力の欠如か一方的な人への接し方、過度に細かく反復の多い話し方、非言語的コミュニケーションの乏しさ、関心ごとが非常に限定されていること、動作の不器用さや姿勢のおかしさを特徴としています。

自閉性障害の子どもの言語がほとんどコミュニケーションに使えないオウム返しであるのに対して、アスペルガー障害の子どもの言語は、それなりの自由度や柔軟性もあり、生活に必要な内容の伝達に関しては言語が利用できます。それゆえ、一見普通の子どもと同じで、障害を抱えていないように見えます。

ところが、よく話をしてみると、受け手の気持ちをまったく思いやっていないかのように見える一方的な話し方で、饒舌に自分の話したいことをしゃべり続けます。また、まったく同じ話を同じ人に、初めて話すかのように話すため、受け手からすると、「またその話？　それは何度も聞いたけど」という気持ちになります。何度も聞いて受け手はうんざりしているのに、その気持ちにまったく気づかないかのように、再度同じ話をするので、受け手からは共感性がないかのように見えるのです。

♣誤解を受けやすい対人関係

問題は、自閉性障害の子どもと違って、普通の子どもに見えるために、クラスメイトからの特別の配慮がなく、我が儘で自己中心的で思いやりのない人と見られ、「何度も同じ話をするな！」とか「しつこい！」とか怒鳴られてしまいがちなことです。本人は障害の症状なので、怒鳴られてもその理由をまったく理解することはできません。自分が一方的に攻撃されたとしか思えず、パニックに陥り、頭を床や壁に打ち付けたり、自分の体を鉛筆などで傷つける自傷行為をしたり、相手に殴りかかったり、椅子や机を放り投げたり、ガラスを割ったりする他傷行為をします。その様子も、パニックというより、攻撃的で暴力的な人と見なされ、ますます立場が悪くなり、凶暴な人間として怖がられることになってしまいます。

アスペルガー障害の子どもは、決して攻撃的でも凶暴でもありません。ただ、日常の中でそのような問題の中で傷つくと、視覚的イメージに暴力的な内容がたくさん溢れ出てくるようになります。漫画が好きなアスペルガー障害の子どもは多いのですが、パニック状態で漫画を描くと、人々が殺し合っていたりする、一見残酷な内容になります。そのような漫画を、〝無邪気に〟みんなに見せたりするので、ますます不気味がられてしまい、対人関係が壊れていくのです。

このような悪循環が、アスペルガー障害の子どもの典型的な対人関係の持ち方です。アスペルガー障害の子どもの理解として重要なのは、この凶暴な空想は、対人関係における衝突の結果二次的に生じたもので、決して子どもが本来持っている空想ではないということです。

【事例6－2】 ゲームで暴力的な空想にひたる中学生

あるアスペルガー障害の中学生男子は、自分の手作りの町を作るゲームに夢中で、そのゲームの進行具合を一方的にクラスメイトに話す。みんなは「もうその話は聞きたくない」と言い、揉めると喧嘩になり、そのたびにパニックを起こして、自傷行為や他傷行為を呈した。そのような問題が起こった日のゲームでは、わざと交通事故を起こしたり、地震で山が崩れて町が埋まったり、火事が起こってある地域が消失したりした。学校で嫌な思いをしたことを家で感情を込めて話せたらいいのだが、非言語的コミュニケーションは大の苦手なので、淡々とゲームの町が破壊されたことを家族に話す。家族も何の話かわからず、何度もその話を聞くことにうんざりしている。

アスペルガー障害の子どもは、障害を理解してくれる環境の中では、勉強に集中するとかなりの達成を得られ、与えられた仕事を成し遂げる力も相当あります。重要なことは、保護者と教師とが十分に話し合い、子どもの障害をクラスで理解してもらい、揉め事を減らして、子どもの空想を平和なものにしていくことです。

アスペルガー障害は広汎性発達障害であり、基本的には自閉性障害と同じこだわりと限定された関心という症状を持つので、周囲の教師が子どもの土俵にのって、子どもに合わせてあげることで安定を図ることが大切です。アスペルガー障害の子どものこだわりは、自閉性障害よりも緩やかなことが多いので、子どもの土俵にあがれば、教師の土俵にものってくれる可能性は高いでしょう。

第7節　注意欠陥／多動性障害の子どもの理解とつながり方

注意欠陥／多動性障害（attention deficit/hyperactivity disorder; AD/HD）は、落ち着きがない、じっとしていない、気が散って集中できない、課題を終えられない、忘れ物が多い、順番が待てない、友達と上手に遊べない、教師の指示に従えないなどの特徴があります。このような特徴は、学習障害の子どもにも、アスペルガー障害の子どもにもある程度共通して見られるので、診断に関しては素人判断をせずに、専門機関にきちんと診てもらう必要があります。

学校場面で問題となるのは、授業時間中も席につかず歩き回り、他の児童にちょっかいを出したり、教師の指示に従わず、行動や動作が乱暴であり、危険知らずで、友達や自分にとって危ないことでも平気でして、衝動的・突発的な言動が多く、遊具や道具の扱いが雑で、友達とのトラブルが多く、集団行動においても勝手な言動を繰り返し、他人を妨害したり邪魔をしたり、子どもの集団を乱す傾向により、担任が指導に疲れ切ってしまうことです。

ＡＤ／ＨＤの子どもの場合の悪循環は次のとおりです。ＡＤ／ＨＤの子どもは行く先々で問題が起こるので、どこでも叱られ続け、叱られることのストレスがたまります。自尊心も低下するので、ますますイライラして少しのことで衝動的に怒鳴り散らしたり、他人に乱暴を働き、わざと集団を乱すような言動を繰り返します。この悪循環を断ち切ることが必要になります。ＡＤ／ＨＤの子どもは、愛され大切にされる体験を通して、自尊心を高めていく必要があるのです。

♣愛着対象が多動を治める

【事例３－１】のように、自分自身落ち着きがなく子ども時代によく叱られたような教師が、ＡＤ／ＨＤの子どもにかかわり、子どもを可愛いと好感を持って接してあげると、ＡＤ／ＨＤの子どももその教師に愛着を感じて、よくなつき、その教師の指示には従ったり、その教師がいれば、混乱していても落ち着けるようになります。

ＡＤ／ＨＤの子どもは、幼児期から多動で、母親への愛着もしっとりとした落ち着いたものでなかった可能性が高く、ゆったりと人に甘えたり、スキンシップに包まれたりする経験に乏しいことが多いのです。これも障害からそのような結果になっているので、子どもや保護者のせいではありません。

ＡＤ／ＨＤの子どもとのつながり方は、できるだけスキンシップをとり、おんぶや抱っこで包み込んだり、トランポリンやマット、巨大ボールなどのふわふわした遊具で揺らしたり、やさしく温かい雰囲気に包まれてくつろぐ経験を積ませることがよいでしょう。

パニックを起こしたり、暴れ出したら、ぎゅっとしっかり抱きしめて、行動を止めるのがよいでしょう。制止することだけが目的ではなく、好きだよという気持ちを抱きしめる時に伝わるように、しっかりと抱きとめてあげるのです。「そんなことをしたらダメでしょ」と言って止めるのではなく、「あなたを守るために止めるよ」と言うのも子どもの自尊心を高めるでしょう。

ＡＤ／ＨＤの子どもの多動を治めるのは、特定の愛着対象への思いです。具体的なイメージでは、その愛着対象の膝の上ではじっとしていられるということです。加配の先生になついて、その先生の膝の上に座っていれば授業も受けられる子どもがいます。そのような愛着があると、ＡＤ／ＨＤの子どもは自分を変えていけるのです。

第８節　スクールカウンセラーとの連携

発達障害や不登校などの専門的な判断や、専門的な援助を必要とする子どもの教育をする時に、学校内で連携のとれる専門家として配置されているのがスクールカウンセラーです。本節では、教師とスクールカウンセラーとの連携の仕方について考えてみます。

♣お互いのできることを理解し合う

第一章で述べたように、教師とスクールカウンセラーは、信頼関係を結ぶのがむずかしい場合もあります。

教師から見ると、スクールカウンセラーはどこかわからないところから来た部外者です。教師は基本的に、すべてを自分の責任で引き受ける教育を受けてきています。途中から赴任してきた部外者に、クラスに〝土足であがり込まれた〟らたまったものではありません。それでなくても週に一日しか来校しないスクールカウンセラーに、子どもや保護者についてえらそうに言われたくないという気持ちになっても当然でしょう。

スクールカウンセラーの中には、教師に救われなかったと感じている人が少なくありません。教師が救えない児童・生徒を、この手で救いたいという気持ちで学校に赴任してくる人も多いのです。その気持ちこそが、教師の持ち場であるクラスに土足であがり込むと受け取られることになりかねません。

お互いの役割の分担ができなければ、教師とスクールカウンセラーの間でよい連携を持つことはむずかしいといえます。巷で囁かれる、教師によるスクールカウンセラー不要論は、そのような困難さをよく表しています。スクールカウンセラーは、文部科学省や県、市によって派遣されます。トップダウンで派遣された人は、内部の人間にとってどのように扱ったらよいのかわからない人になりかねません。

しかし、スクールカウンセラーは、そのような学校教育の事情も知らず、臨床心理学の専門を勉強しただけで学校に赴任している場合もあるでしょう。ある学校では、スクールカウンセラーに対して、外部から送り込まれた不要な人という扱いをする場合もあります。そのような場合は、スクールカウンセラーも学校に居場所がないという、いたたまれない気持ちを抱くかもしれません。どんな人も誰かに必要とされたいのですから。

また別の学校では、対応がむずかしい保護者のケースをスクールカウンセラーに、まるで丸なげのように面接をお願いして、それでこと足れりとしてしまうケースもあります。これも極端ですが、教師とスクールカウンセラーの連携が取れているとは言いがたいケースです。やはり、教師とスクールカウンセラーが、お互いのできることの範囲をしっかり理解し合い、役割分担をしっかり把握して、意義ある連携を取り、子どもや保護者への援助がなされることが望ましいのです。

♣疑問をぶつけ、本音で話し合ってみる

まず、お互い心を割って話し合える機会が持てたらいいでしょう。保護者と教師が本音で何でも語り合えることが一番望ましいあり方であるように、教師とスクールカウンセラーも本音で何でも話し合えることが理想です。スクールカウンセラーに対する疑問、スクールカウンセラーは何ができるのか、他校でのスクールカウンセラー無用論や、スクールカウンセラーが役に立つかどうかに対する疑問、スクールカウンセラーが守秘義務を盾にとって子どもや保護者から聞いた情報を教師と共有しないことに対する不満、スクールカウンセラーが学校のシステムを理解せずに勝手に動いたことでひどく迷惑した事例についてどう思うかなど、スクールカウンセラーに対する疑問をすべてスクールカウンセラーにぶつけて、腹を割って話し合い、お互いを理解し合うことができたら、連携も逆にスムーズに取れるでしょう。

日本文化では、お互いに対する疑問などは、思ってもお互いにぶつけないでなんとなく距離感を保って仕事をするという習慣がついています。しかし、教師とスクールカウンセラーのように、子どもや保護者をめぐって連携を取る必要がある専門職同士は、本音で話し合ってみないと、心底子どもや保護者のため

に話し合うことができません。そこで、いくつかの論点を考えてみます。

♣スクールカウンセラーの守秘義務は絶対か

第一に、守秘義務についてです。守秘義務とは、もともと専門職として知りえた情報を本人の了解なしに第三者に漏らしてはいけない責任のことを言います。ということは、本人の了解が取れれば話していいことになります。スクールカウンセラーが知りえた情報を、学校や教師に伝えることで、子どもや保護者にとってより望ましい方向に向かう場合や、教師の理解などが進み子どもの環境が整うような場合は、もちろん本人の了解を取った上ですが、担任などに漏らしてもいいのです。むしろ、そのような場合は積極的に漏らすべきだと言えましょう。

先生方も、スクールカウンセラーは守秘義務を盾にとって子どもや保護者から得た情報を漏らさないと決めつけないで、率直にそのような疑問をスクールカウンセラーにぶつけてみたらいいでしょう。

もちろん、スクールカウンセラーの立場で聞きえた情報を、本人の了解なしにすべて教師に漏らしてしまったら、スクールカウンセラーは守秘義務を守らなかったというだけではなく、あのスクールカウンセラーは相談内容を勝手に先生にばらしてしまう人だという噂が広がり、誰もスクールカウンセラーに相談しなくなるようになります。そこは教師も理解してあげてください。

でも、スクールカウンセラーは、子どもや保護者から得た情報を教師に決して漏らしてはならないということは間違いですから、ぜひスクールカウンセラーに疑問をぶつけて、その学校のシステムとして、スクールカウンセラーが、子どもや保護者から得た情報のどの程度を教師に伝えるのか、あるいはどのような情報なら伝えるのかなどについて、スクールカウンセラーと教師が十分に話し合うことが重要です。

スクールカウンセラーが子どもや保護者から得た情報を、本人の了解なしに、校長などの第三者に漏らしてもよい場合があります。それは、子どもや保護者などに生命の危険が及ぶ可能性のある場合、子どもや保護者が犯罪を行っている場合です。その場合、スクールカウンセラーは、上司である校長に対して報告する義務があると言えるでしょう。ただし、喫煙や万引きなどの行為については、時と場合によれば、守秘義務を守ったほうが子どもとの関係を作れて、学校に貢献できる場合もあります。この点については、十分な話し合いが必要です。

スクールカウンセラーのほうも、頑なに守秘義務を守ろうとする態度は、学校との連携を壊してしまう危険性があることを知らなければなりません。スクールカウンセラーが、守秘義務に頑なにこだわろうとする心の中には、子どもや保護者が、学校ではなく自分を最も信頼してほしいというナルシシズムが潜んでいる場合もあります。教師から子どもや保護者を取り上げてしまおうという気持ちです。このような気持ちが、教師のクラスに土足であがり込むことにつながるのです。大切なことは、子どもや保護者が問題を解決していけるようになること、学校の環境が子どもにとって居心地がよくなること、教師と保護者との連携が上手くいき信頼関係で結ばれることです。スクールカウンセラーは、そのために少しお役に立てばよいのです。

♣いつ、どのように子どもに対応するか取り決めておく

スクールカウンセラーは、どのくらい子どもへの直接的な対応をするかという問題があります。原則的には、学校側からスクールカウンセラーに、特定のケースについて正式に依頼し、その依頼されたケースについてのみ対応することになります。どのようなケースをスクールカウンセラーに依頼するかは、教師

によってばらつきがあります。教師の個性によって、あるいは教師個人のスクールカウンセラーへの信頼度によってまちまちです。あくまで自分で子どもに対応したいという教師もいれば、子どもに問題を感じたら早めにスクールカウンセラーに依頼する先生もいます。教師とスクールカウンセラーの信頼関係は別に作っていくとして、教師は、自分でできるだけ子どもに対応したい気持ちがあるということと、スクールカウンセラーは、問題がまだ根深くないうちに早めに対応したいということ、このふたつの気持ちの折り合いがなかなかつかない場合があります。

教師にとって授業は命です。授業中に、生徒が授業を抜けてスクールカウンセラーの面接を受けることに対して、かなり不快感を持つ先生もいるでしょう。しかし、授業中こそ、誰にも邪魔されずにしっかりと相談にのれて効果があるというのも、スクールカウンセラー側で心から感じることなのです。

スクールカウンセラーは、予防的見地から、早期対応により不登校を作り出さないよう役に立ちたい思いがあります。親子関係や友人関係で悩み始めて、その悩みが深くなり自分ではどうしようもないところまで行って不登校が始まるまで、早くて一、二カ月、遅くて半年くらいです。一度不登校になってしまうと、学校に行っていないことを、クラスメイトがどう見ているのか、「今さらのこのこ学校に来るのか」と思われるのではないかなど、不登校になってから二次的に生じる不安や恐怖が、登校再開をむずかしくしてしまうのです。不登校になる前に対応ができていたら、二、三カ月の間、悩みを支えて解決まで持っていき、不登校にならずに済むこともあります。また、クラスへの不満や担任への不満は、学年で早期に対応するか、スクールカウンセラーが対応するなどの役割分担が望ましいでしょう。

しかし、教師は、生徒が授業を抜けてスクールカウンセラーに相談をしにいくことを了解することがとてもむずかしい場合もあります。休み時間や放課後に相談にのってほしいという気持ちがあるのです。

このような問題も、学校全体で十分に話し合って、どのような場合に授業時間の相談を認めるのかという点について、教師ごとに判断があまり違うことのないように、全体で取り決めを行えたらよいでしょう。

♣指導と共感の役割分担

指導と共感のバランス感覚において、指導と共感を教師やスクールカウンセラーの役割分担で行う場合もあります。指導は悪役、共感は正義の味方と子どもには映りますから、スクールカウンセラーばかりよいとこ取りをしていると見られてしまうのは、教師の反発を招くかもしれません。スクールカウンセラーも積極的に、廊下を走る生徒を叱ったり、校則を守るように促したりする役割を取ることも、学校という現場で働く人間として必要です。しかしそれをしすぎると、スクールカウンセラーも悪役となって、カウンセリングルームで閑古鳥が啼いているということになり、せっかくスクールカウンセラーが存在する意義を喪失しかねません。

この点についても、学校で、指導と共感の役割分担について十分な話し合い、お互いの役割の理解が必要ではないかと思います。

スクールカウンセラーの制度が、日本の社会に根づき、子どもや保護者が健やかに学校生活を送れるために、教師とスクールカウンセラーが心底お互いを理解し合い、認め合って、信頼関係の中で連携を取ることが必要なのです。日頃からコミュニケーションをしっかりと取っていくことは、子どもと保護者、子どもと教師、教師と保護者の間のみならず、スクールカウンセラーと教師との間でも必要です。そのような信頼関係で教師とスクールカウンセラーが結ばれた学校こそ、子どもと保護者が最も豊かなサービスを受けられる体制が整っているといえるでしょう。

第7章　〈子育てのサポートネットワーク〉を考える

第1節　子育てはひとりでできるのか?

子育てはひとりでできるのでしょうか。いえ、決してできません。ひとり親家庭があるではないかという人もいるかもしれませんが、ひとり親家庭の母親・父親がひとりで子どもを育てていることはありません。その両親の支え、母親・父親の友人の支え、同じ年頃の子どもを抱える親たちの支え、学校・園の教師の支え、子育て相談所の相談員の支えなど、たくさんの物心の支えによってサポートされているのです。子育てをしている保護者との連携を図る場合に、その個人としての父親や母親だけを見て親の養育力や教育力を判断してはいけません。決してしてはならないのです。

人が自らの養育力や教育力を発揮するためには、それにふさわしい環境が必要です。母親がその母親としての役割を十二分に発揮したり、父親がその父親としての役割を十二分に発揮したりするためには、その母親や父親が子育てにエネルギーを注げるような環境に身を置いていることが必要です。その必要な環境とはまず、保護者が自分の親としての能力を自分なりに認識し、自分の能力を発揮できるようないろいろな人の支え、子育て上で問題が生じた時に相談にのってくれる人々の支えを得られる環境のことだと、筆者は思います。それぞれの家庭環境の持つ子育てについての本当の力を評価しようと思ったら、保護者がどのような人々に支えられて子育てをしているのかを把握しなければなりません。十分な環境が保護者を取り巻いていないと判断した場合は、まずその環境調節をしなければならないでしょう。

【事例7－1】 娘の育児にひとりで悩んでいる母親

巡回育児相談で、三歳半の娘のことで悩むある母親の相談を受けた。その母親は、娘が神経質であることに悩んでいた。何事においても神経質であるが、一番困っているのは、体の病気はないのに頻尿で、頻繁にトイレにいかなくては気がすまないことである。とくに夜に四、五回、目を覚まし、母親を起こして抱っこしてトイレまで連れて行ってもらう。パジャマとパンツをおろしてもらう。ドアを開けたままおしっこをし終わるまで見守ってもらう。終わったらパンツとパジャマを上げてもらう。抱っこして布団まで連れて行ってもらい、自分が寝付くまで子守唄を歌ってもらう。どこかで母親がしぶると小一時間は大声で泣き叫ぶ、という行動が母親を最も悩ませていた。母親は明らかに寝不足の様子で、心身ともに疲れきってうつうつとしているように見受けられた。

筆者はこの母親の子育ての支えを確認しようとして、周囲の人がどれだけ相談にのってくれたり彼女を支えてくれるのかを聞いていった。

夫は、帰宅後に子どもの相談を持ちかけると、「子育てはお前に任せてあるだろう！　俺は疲れてるんだ。そういう相談は他でしてくれ」と自分の話に聞く耳を持たず、ビールを飲みながら新聞を読み続ける夫なので、子育てについては期待できないとの話であった。

自分の両親はどうかと聞くと、夫との結婚を大反対されたのに、それを押し切って結婚したので、いまさら自分の両親に相談などできないとのことだった。

同じ年頃の子どもを持つ母親たちの支えを聞いてみると、ちょうど二年ほど前に引越ししてきたところで、しばらくは歩いて二分の公園に子どもを連れて遊びに行っていたが、「公園デビュー」に失敗して、その公園の母親グループから追い出されたとのことであった。そして歩いて十五分の距離の公園に通うようになったが、それも精神的にしんどくなり、今は団地の部屋にこもりがちであるとの話であった。

娘も一緒に連れてきていたが、娘は反抗期で母親の困ることばかりをしようとしていた。部屋に入ってしばらくは見ず知らずの筆者の様子を窺っていたが、そのうちに部屋の周りを走り始め、勢いあまって壁に大きな音でぶつかり出した。母親はその娘の様子にイライラさせられて、顔をしかめ、娘の行動に縛られているようだった。そのうち娘は絵本がたくさん並べてある本棚のところに行き、最初は本を数冊手にとって読んでいたが、本棚の絵本を端から床に落としていった。ここで母親が切れて娘にどなり、娘はびくっとして立ち止まった。しかし、筆者と母親が話に戻ると、今度は母親と筆者との間にあるテーブルに乗って、その上を走り始めた。

筆者が娘を呼び、画用紙とクレヨンを渡し、好きなものを描いていいと伝えると、娘はすごい筆圧で画用紙にクレヨンで塗りたくり、画用紙は瞬く間に一色で塗りつぶされていった。塗り方も勢いがあり画用紙の枠に納まらないので、クレヨンがテーブルの上にも塗りたくられることになった。母親はその行動にもイライラしているようだったが、筆者がそのことについては気にしないように母親を説得した。五、六枚目くらいになるとかなりクレヨンの勢いも収まり、七枚目からは丸を描いて人の顔のようなものまで描き始めた。

　筆者は、今までひとりで悩んできたつらさ、淋しさに共感し、母親が相談できる相談所をいくつか紹介した。

♣大声で叱るのもストレス発散だが

この三歳半の娘は反抗期であり、母親は明らかに娘の反抗に真っ向からぶつかり、イライラして叱りつづけ、そのような状態に疲れきっているように思われました。娘の一挙手一投足に常に目を配り、目に余るとその度に大声で叱っていたのです。その叱り方もかなり激しいので筆者がびっくりするくらいでした。その後の子どもへのフォローを母親は思いつかないようでした。

　このような母親に、「そんなに激しく叱らなくてもいいのではないか」とか、「あまり叱りすぎると逆効果になることもありますよ」などとアドバイスすることは有効でしょうか。有効ではないと筆者は思います。そのようなアドバイスは、母親の育て方が悪いというふうに母親に受け止められ、かえってうつ状態を強めてしまうからです。娘はとてもエネルギッシュな上に反抗的で母親をわざと怒らせることをするのですから、叱ることをやめると母親のイライラは頂点にまで達してしまうかもしれません。叱ることは、確かに心身ともに疲れてしまいますが、イライラを爆発させて一時的にでも発散できるので、母親としても多少ともすっきりするくらいの効果は持っているのだと思うのです。

　この母親に必要なのは人の支えです。反抗期の子どもを大人ひとりで育てること自体が無理な話です。それなのにこの母親は自分を支えてくれる人がまったくいないのです。子育ての苦しみや疲れを自分ひとりで抱え込み、すっかり疲れています。第一反抗期も第二反抗期も、親の枠に納まることへの抵抗としての意味を持っています。どちらの反抗期でも子どもは必ず親が困ることをしでかし、親を困らせてストレスを発散し鬱憤をはらしているのです。そのような行為をひとりで受けつづけたらどんな母親でもうつ状態になるのではないでしょうか。

第5章第4節で述べたように、母親がうつ状態になることを避けるためには、ストレスを溜め込まずに、かといって娘に向けてストレスを発散し過ぎずに、他でストレスを発散する生活習慣を作ることです。その前に、自分の悩みが自分だけの悩みではなく、世間一般の多くの母親の悩みとも一致しているという感覚を、体験することです。そのような体験は言葉だけでは持つことはできません。誰か信頼できる人に、安心して本心から自分の悩みを打ち明け、自分の置かれたつらい立場に共感してもらい、十分に自分の気持ちをわかってもらった上で、似たような経験は誰もが経験するのだと優しく言ってもらうことによってそのような体験が生じるのです。

♣子育てには人の助けが必要だ

人が一番恐れるのはなんでしょうか？　その問いに対する答えは千差万別です。世間にはいろいろな個性を持った人がいるからです。孤独を恐れる人もいます。そのような人はひとりになりたくないので、多くの人とかかわりを持ちます。しかし一方で、多くの人々の中に埋没するのを恐れる人もいます。そういう人はできるだけ人とのかかわりを少なくして生きるのを好むでしょう。ここで話をしているのはそのような好みについてではありません。子育てはみんなと手をつないで楽しく乗り切りましょう、などということを言いたいのではありません。

そうではなく、子育ては〝ひとりではできない〟ということを言いたいのです。言ってみれば、子育てという事業を成し遂げるためには、人の助けが必要だということを主張したいのです。どのくらいの人が必要かという問題には個性が関係するでしょう。多くの人とかかわりを持って人の輪を作って、子育てという事業を成し遂げる人もいます。逆に、たったひとりの信頼できる人の助けを借りて、その仕事を成功させる人もいます。わかっているのは、子育てという事業は〝たったひとりで〟成し遂げることはできないということです。

なぜ子育ては〝たったひとりで〟は成し遂げられないのか、その理由はいろいろ考えることができます。物理的にひとりでは手も足りないし、エネルギーも足りないということも重要です。また子育てを成し遂げるには、悩みを相談できる心の支えが必要だからともいえましょう。あるいは、子どもは両親とは別人格を持って産まれてくる存在だから、両親以外の人物との触れ合いをすることが子どもに親を相対化してみる視点を養い、自分を作る基盤を与えてくれるともいえましょう。しかしここではとりあえず、〝子育てはたったひとりではできない〟という点を確認することにとどめておきましょう。

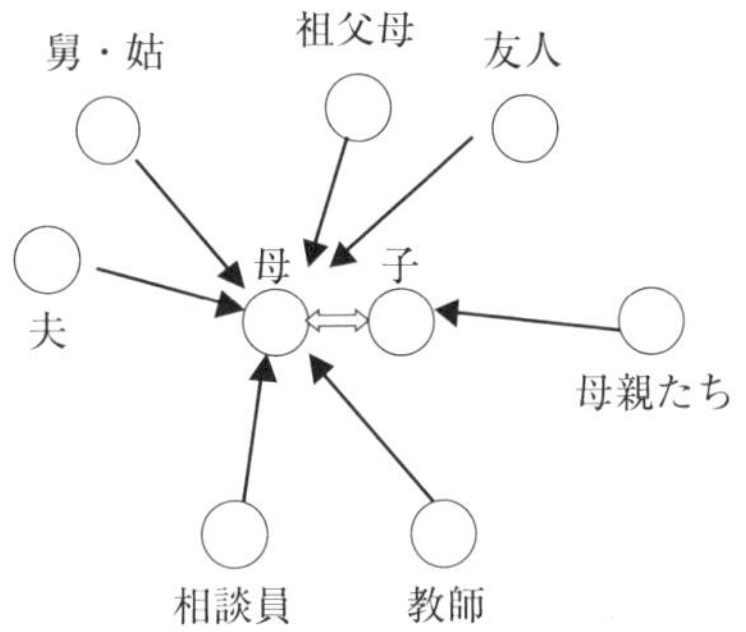

図７－１　子育てのサポートネットワーク

☘〈子育てのサポートネットワーク〉

子育てをする人の集まりを、本書では〈子育てのサポートネットワーク〉（図７－１）と名づけます。このサポートネットワークのどの要素が利用しうるのかについて、教師は十分に現状を把握するとよいでしょう。

現代日本社会では、子育てをするのは母親を中心とするという観念がまだ根強いので、子育ての中心に母親と子ども自身を置きます。時代が変わればこの図も変えていかなければならないでしょうが、現在のところこのような図で十分意味が通るほど、母親に子育ての負担はのしかかっているでしょう。母親の周りに、夫、きょうだいなどの家族、自分の両親や夫の両親などの親族、同じ年頃の子どもの子育てをしている母親の集まり、母親の古くからの個人的な友人たち、学校・園の教師たち、専門機関の相談員などの、人のネットワークを想定してみるのです。

教師のみなさんにわかってほしいのは、少しでもひとりの母親の立場に立ってもらいたいという筆者の思いです。子どもとかかわっている母親として眺めていると、親としての欠点ばかり目立つかもしれませんが、その母親は、妻であり、娘であり、ひとりの女性であり、いろいろな側面を持っています。その人を、全体として眺めていると、母親として欠点と見えていた部分は、その人の人生においてとても大切なことを守った、あるいは失った結果なのかもしれないのです。全人的なかかわりとよく耳にしますが、それはその人をいろんな存在として見ながら、丹念に話を聞いていく地道な一歩から始まります。

第2節　夫によるサポート

まずは一番頼りになるべき夫を考えてみましょう。心理学の調査でも、夫に十分なサポートを受けている母親の育児ストレスは少ないという結果が出ています。夫が物心両面でサポートしている妻＝母親は、あまりイライラしないで子育てができる可能性が大きいという意味です。ところが筆者の感覚では、日本の夫のおよそ半数程度が、子育てに関する妻の悩みをあまりサポートしないどころか、妻が悩んでいることに関心を示さなかったり、逆に悩みを相談すると逆ギレして妻につらくあたる場合もあるように思います。【事例7―1】の夫がその典型例です。

夫の物理的なサポートに関して言えば、夫が家事を手伝ってくれたり、妻が自分の時間を持てるように休日には子どもをひとりで見てくれたり、妻の買い物の運転手やポーターをしてくれると、妻は自分の負担が軽減されるばかりではなく、ストレスの発散に時間を使えたり、夫に大事にされているという幸福感に満たされます。また心理的なサポートに関して言えば、夫が自分の子育ての悩みに十分に耳を傾けてくれたり、自分のつらさを理解して思いやってくれたり、子育て以外の妻の話し相手にもなってくれると、夫に自分が大事にされているという自己肯定感につながるでしょう。物理的、心理的な両面ではないにしろ、どちらかがあれば妻もだいぶ楽になります。

♣夫婦関係のバランス

そこで問題となるのが夫婦関係です。夫婦関係が〈子育てサポートネットワーク〉の一番大事な部分だからこそ、一番むずかしいのです。夫がサポートとして利用できない場合は、まず他のサポートを強化したほうがいいとすらいえます。夫婦関係の修復が最大の難関の場合もあります。ところが、すべての子どもは父母の仲がよいことを望んでいます。家族内の軋轢が、実際子どもにかなりの負担をかけている場合もあります。

では、本当に夫婦仲がよいことがベストなのでしょうか？　ある夫婦は、世間もうらやむような仲睦まじい関係を維持しています。しかしその関係は妻ががまんすることで主に維持されています。夫の希望を叶えるために、妻が自分の希望を断念し、自分の気持ちを押し通せば角が立ち夫と喧嘩になりそうな時は、自分の気持ちを押し殺して夫に従います。そのために夫は妻にサポートされ仕事もはかどり家庭でも笑顔が耐えません。しかし妻は、自分の人生を生きられない不満や自分の感情を押し殺したために感じる恨みをすべて自分の心の奥底に閉じ込め、普段はそれを忘れてさえいるのです。あるいは逆に夫が意識的にあるいは無意識的に妻をサポートし、自分を押し殺している場合もあるでしょう。

自分の本音でぶつかることは、とても心のエネルギーを必要とします。自分の本音が相手の気持ちを傷つけるのは嫌なものです。相手の本音が自分の気持ちを傷つけるのも嫌なものです。それを避けようとすると、関係が真実のものにはならなくなってしまいます。〝偽りの仲のよさ〟は一時的には仲のよさという安定を得ることができるので必要な場合も多々あるでしょう。しかしその〝偽りの仲のよさ〟が習慣化していくと、本音を出してぶつかることを脅威的に感じるようになり、もはやどんなことがあっても本音を隠し通すことが必須の事態になってしまうこともあるのです。

逆に夫婦喧嘩とは、互いに本音を出してぶつかれるということでも大切な側面を含んでいます。夫婦喧嘩で怒鳴り合いをしてみて、初めて妻の、あるいは夫の今まで隠し通してきた本当の気持ちがわかる場合もあります。また夫婦喧嘩をすることで、仕事上のイライラや親族との関係から生じるイライラを発散することができるという側面もあります。その意味では夫婦喧嘩は百薬の長があるとすらいえるでしょう。ところが夫婦喧嘩が習慣化すると、そのような相手の本音を発見する驚きがもはやなくなります。ただひたすら同じイライラや怒り、憤懣、欲求不満、憤り、嫉妬、妬み、恨みといったマイナスの感情をぶつけ合うことで、心身ともに消耗していくのです。夫婦喧嘩も仲直りすれば、いろいろなイライラを発散できてよかったとも思えますが、仲直りできずに冷戦に突入すれば、そこには消耗戦が待ち構えています。

そのような事態になれば、夫婦はサポートを提供し合う関係どころか、お互いがお互いのストレス源になり、夫婦そのものがストレスの温床になってしまいかねないのです。夫婦喧嘩は犬も喰わないと言いますが、それは仲直りが生じた場合に限って使える言葉でしょう。喧嘩をする技術、仲直りをする技術、どちらも夫婦関係において大切なんですね。

〝偽りの仲のよさ〟にもならず、〝消耗するだけの喧嘩の繰り返し〟にもならず、ほどよい本音のぶつかり合いと、ほどよい仲のよさというバランスが夫婦の秘訣なのでしょう。そのバランスが保てずに苦労するのも夫婦だと思います。

♣離婚は子どもの問題行動の原因になるか

夫婦喧嘩が高じて離婚にまで至る場合もあります。離婚という家族の大きな転換が、子どもに大きい影響を及ぼすことは確かです。しかし子どものどんな問題でも、〝離婚〟ということを〝原因〟にして起きることはないと考えていいでしょう。不登校の子どものいる家庭が離婚を経験していたからと言って、子どもの不登校の原因を離婚にしてしまうのは、犯人探しをして周囲の人間が自己弁護をする悪い習慣です。離婚家庭でも子どもが何も問題も起こさずに育っていることのほうが多いのです。

またこれまでの議論からわかるように、離婚は、互いが本音でぶつかり合ってその結果お互いが納得した上でする場合もあります。ですからきっちりと話し合い納得した上で別れることで、それぞれが自分の生きる道を見出していけることも多いと思います。離婚に対する偏見を捨てて、離婚後の夫や妻の人生をしっかりと支える周囲の想いが、その後のふたりを励ますことになるでしょう。

確かに、離婚に至るまでの数年間は地獄のような日々であることは想像できます。【事例1－1】のように、離婚をして夫婦の問題に決着をつけたつもりでも、その数年後にいまだ夫への憎しみから解放されないこともあるのです。日本の社会保障制度は、ひとり親家庭への物質的な援助においてはある程度支えてくれますが、離婚に至るまでの苦しみを振り返り、離婚からの精神的な立ち直りを促すような精神的な援助が欠けています。

離婚は夫にとっても妻にとってもかなりの精神的な負担を強いることになりますが、子どもの立場でも相当の精神的負担を強いられます。離婚までの期間は両親も自分たちの問題で手一杯になりますので、子育てに手を抜いているつもりはなくても、子どもにいろいろな辛い経験を与えることになります。激しい喧嘩を目の当たりにし、父母が大人の話を何時間もしているのを、子どもは将来に不安を抱えおびえながら見守るのです。その経験を子どもが何歳で経験するのかによっても子どもの体験は異なるでしょう。離婚後、母親と一緒の生活、あるいは父親と一緒の生活が始まると、その経済的精神的な安定が訪れるまで、子どもは親をサポートする傾向が見られます。およそ五年ほどかかる安定期までの時期に思春期を迎えた子どもは、思春期を親に反抗して表現することに無意識に躊躇してしまいます。【事例1－1】のケースで考えると、〝夫とは性格が正反対で私の言うことをよく聞き、家から離れなかった〟兄は、がんばっている母親を困らせたくなかったのかもしれません。離婚後五年経って思春期に入った次男は、母親に反抗し始めました。そこでも親子で心理的なずれが生じやすいのです。親はようやく経済的・精神的に安定したのでこれから自分の時間が持てるかなと思っているのですが、子どもは安定したからこそ親に親であることを求め反抗するようになります。

【事例1－1】は、離婚が原因で次男が非行に走ったのではなく、離婚後数年経って、親の思いと息子の思いがぶつかりあって、自然な流れとして思春期のぶつかりあいが起こったと考えたほうがいいでしょう。その時に、母親の心の中で癒えてなかった離婚の傷が、思春期の息子をそのまま受け入れることを邪魔しただけです。このように考えると誰も悪くないことがわかりますね。母親は精一杯離婚後の人生を作り、親として自分なりにしっかりと生きてきましたし、息子は自分を作るためにも親に反抗する必要があり、それが自然の流れでぶつかり合ったひとつの事件だったのです。そこでふたりがお互い向き合う必要があったといえましょう。その意味で、離婚で揉めている時に思春期だった兄がむしろずっと我慢し続けていたことになるので、これから遅れてきた思春期に悩まされるかもしれません。

ここまで妻＝母親にとって夫がサポートになるかどうかについてお話してきました。サポートになる場合は妻にとってこれほど心強いものはないでしょう。ところが、夫がサポート源になるどころかストレス源になる場合も多いのです。また夫婦関係は一番プライベートな部分ですので、あまり教師に本音を話してくれない領域でもあります。教師としても、そのプライバシーに触れすぎないことは大切なことでしょう。でも、保護者がその話をしたいという気持ちがあるなら、しっかりと受け止める態勢を整えておくことも重要です。

第3節　親によるサポート

〈子育てのサポートネットワーク〉を考えてみると、とても大切な視点を得ることができます。それは、サポートを得ている人の立場からは、そのサポートを得ていない人の立場は見えないという真実です。夫のサポートを得ている人からすると、夫のサポートを得ていない人を理解することはとてもむずかしいのです。夫のサポートを得ている人から見ると、「何でそんな簡単なことができないのだろう?」「もう少しこうしてみればうまくいくのに」「もっとこう考えて子育てをすればいいのに」と思えることが、夫のサポートを得ていない人から見るとまったくわかりません。これは本節の親のサポートについてもいえます。妻＝母親にとって、両親、とくに自分の母からのサポートが得られる利益は計りしれないものがあります。

♣母親の呪縛に囚われる娘

母親にとって自分の母は、母親としてのモデルです。母親と同性の子どもとして産まれ、母親を見ながら育ち、母親に育てられて大きくなります。自分が大人になって結婚し、子どもを産んで母となる時、多かれ少なかれ母親の育て方、母親の母としてのあり方に陰に陽に影響を受けるのです。

一般に母親にとって、女の子は育てやすいといわれます。それは男の子が自分にとって異性であり異物であるのに対して、女の子は母親にとって同性であり、自分の成長に照らし合わせて同質のものを持っていると想定しやすく、子どもの心が理解しやすいという点にあると思います。ところが、そのような想定があるからこそ、女の子に異物感を感じたとき母親はとても戸惑うのです。

福井県丸岡町文化振興事業団が主催した『一筆啓上賞―日本一短い「母」への手紙』（一九九四）の母への手紙の中に、次のような娘の手紙があります。

謹啓、母上殿
ようやくあなたの呪縛から解かれる時が来ました
結婚します
謹白

この手紙のように、母親と娘との関係が、娘からすると母親の呪縛に縛られるような気持ちになる状態に陥ることも多いのです。娘が母親に従順であれ反抗的であれ、母親に囚われていると、母親と一緒にいて会話をすることは、元気をもらえるどころか、エネルギーを消耗することになりかねません。

なぜ娘は母親の呪縛に囚われてしまうのでしょう？　親であるかぎりは、男の子であれ女の子であれ、子どもにこうあってほしいという願いや期待を持ちます。そのような期待のある部分を子どもは取り入れ自分のものとし、ある部分は拒否して受け取りません。その取り入れと拒否のバランスが、思春期に大きく崩れます。子どもは、今まで親の期待に従順だった自分を崩します。親の期待を重荷と感じ、親に反抗します。親が嵌め込もうとする枠に入ることに子どもは抵抗し、枠からはみ出ようともがくのです。かといって、まだ自分の枠はできていませんから、ただ枠から出ようとしているだけに見えます。

その時に、男の子は比較的母親に明確に反抗して、母親の枠から出て行きます。男の子は母親に、「うるさい！　近づくな！　放っておいてくれ！」と叫び、しっかりと第二反抗期を生き抜き、精神的な〝母殺し〟をして、家から巣立っていきます。ところが女の子は母親とつながったままでいたい、母親と愛情のこもった関係を持ちつづけたいと心のどこかで感じているので、母親の枠から完全に飛び出してしまうことがむずかしいのです。どうしてそうなのかはっきりとはわかりませんが、おそらくは女の子が、大人になれば母親になっていくということが関係しているのかもしれません。そこで思春期の女の子は、母親の期待を重圧と感じる一方で、母親の期待を裏切って母親を悲しませたくないという想いも募り、心が引き裂かれるのです。

そのような場合、女の子はふたつの道のひとつを選んでいるように見えます。ひとつが自分の気持ちや本音を押し隠して、母親の期待に沿ってがんばり、母親を物理的にも心理的にも支える道です。もうひとつが、母親を悲しませているという想いを自分の中でごまかして、母親の願いを破り、期待を裏切るという道です。どちらに進んでも心は引き裂かれていますので、すっきりしない気持ちのままそのような関係がしばらくつづくことになります。

【事例7―2】　母に対して自分の気持ちを飲み込んでしまう娘

中学生の女子C子は、母との思春期の葛藤に苦しんでいる。ある程度自分の考えを母に言うことはできるが、母が強い調子で「そんな考えじゃ、これから先やっていけないんだよ！」と叱責すると押し黙って下を向いてしまう。母に強い調子で言われると、そうなのかなとも思うのだが、自分の中で何かもやもやした気持ちが残り、すっきりしない。しかしはっきりと反抗するほどの気持ちにもならないので、母に同調し、自分の考えは甘かったのかなと反省してみる。すると母は自分の意見が通ったことで機嫌がよくなったように見えるので、そのような母を見て心のどこかでほっとして、これでよかったんだと自分に言い聞かせる。

しかし別のことでまた同じようになるのだが、そこでもC子はまったく同じように自分の気持ちを飲み込み、母の考えを尊重することで、母を喜ばせるという結果を繰り返していく。一度だけ、はっきりと自分の考えを主張したことがあるが、その時母は、自分の娘が堕落していくように思えて娘に落胆し、自分の育て方が間違ったのかと落ち込んでしまった。そのことを思い出すと、もうあんなに母を悲しませたくないという思いが強くなる。

C子はその後も、進学や進路の問題で母のアドバイスを大切にして、目立った反抗もなく過ごし、母の勧めで見合いし結婚する。

数年後、C子は母親となり、自分の子どもが第一反抗期になり気がめいってどうにもならないと感じて母に相談する。しかし相談する前から、自分が子育てをちゃんとできてないということに罪悪感を感じている。そういう自分を母に見せたくないと自分ひとりで問題を抱え込んでいた。それにも限界を感じたので、母をがっかりさせることはわかっていたが、電話で相談した。母は親身に相談にのってくれたが、自分の気持ちを母に伝えた後で、母に「あんたのそういう考えを直さないと、子育てもこれからしんどいばかりだよ」と強く怒鳴られた。まさに中学生の頃のように自分の考えが甘かったのだと一歩退き、自分の気持ちを飲み込んで母に同調してしまう。しかし気持ちはすっきりしないまま、重い気分で子どもに接する。心の底では相談しなければよかったという思いもふとよぎるのだが、親身になって相談にのってくれる母への感謝の気持ちのほうが勝り、これからも何かあったら母に相談してみようと思う。

☘共依存的な母娘関係

父と息子の関係において典型的には、息子が父親と違う職業や生き方を選ぶことで息子は父親の枠から飛び出し、父親の呪縛から解放されます。ところが母娘関係においては、母親になるということは共有せざるをえないのです。その意味で関係を切る明確な理由もなく、呪縛から解放されるのがとてもむずかしい関係なのでしょう。

母娘関係の中でコミュニケーションを通して呪縛から解放され、娘は自分の意見を母親に真の意味で通し、自分の枠を作って母親とつながる関係を築いていれば、子育ての相談を一番しやすいのは自分を育ててくれた母親です。母親自身も、娘が自分の分身であるという感覚を捨て、自分の枠から離れ、親離れしていく娘をしっかりと認めながら、娘とつながることができれば、親離れも成功したといえるでしょう。しかしそのような関係に到達していなければ、たとえ結婚しても子育てをしているかぎりは母親の呪縛から解放されることはないのです。

母親は、娘が自分自身の感じ方、考え方、個性を持つことを恐れ、娘の感受性、意見を徹底的に否定し、いつまでも自分の枠に娘が留まり、従順な〝わが大切な娘〟のまま留まることを期待し、そのような従順な娘の存在に無意識に自分の同一性を支えてもらい、頼り、依存しているのです。娘は、母親に対して、反発心やイライラ、不信感、呪縛されている感じを意識するものの、少しでもその反抗心を出すと、母親がため息をついたり、娘の未熟さを嘆いたり、娘の考えを罵倒したりして、娘の反発に体調を崩したりします。娘は大変な罪悪感と自己嫌悪を感じさせられて、反抗をした自分を責めることになり、もとの〝従順な娘〟に戻らざるをえなくなります。このような関係が典型的な共依存的な呪縛の関係といえます。

C子の例でもわかるように、母娘関係が呪縛の関係にあると、母親は娘にとってサポートをする対象であるばかりでなく、娘にストレスを負荷する対象、あるいは娘からサポートを得る対象となることもあります。

父親や夫の両親が、母親のサポートをするケースもあります。しかしそれはとても幸運なケースです。ここでは割愛し、母親のサポートの大切さを説明することに留めておきます。

第4節　子育ての母親グループによるサポート

母親を支える上で最も大切なのはもちろん夫です。その次に大切なのは、同じ年頃の子どもを抱える近所の母親のグループでしょう。夫は、支えになるならば物心両面でとても強力なサポートになりますが、不在の時間も多いので、母親の子育てグループに受け入れてもらえるかが、母親の子育ての運命を握っているといっても過言ではないでしょう。

ところが、その母親グループに受け入れてもらうのがむずかしいのです。これは女性の人間関係の持ち方に特徴があるからです。

♣女性の人間関係はグループ最重視

女性は同性の人間関係をとても大切にします。小学三年生くらいから友達グループに入れてもらえるかどうかが、とても大切な価値になっていきます。中学生女子の悩みのほとんどは、自分の入りたい友達グループに入れてもらえないとか、今までのグループに〝シカト〟され無視されて、仲間はずれにされたとか、自分の一番好きな友達のいるグループに入っているけど、そのグループの中に自分を大嫌いな人がいるなどです。

自分の気に入ったグループに入れた人は、そのグループで心置きなくおしゃべりに夢中になって花を咲かせたり、家族や恋愛などの悩みを相談したり、放課後や休日に遊びに出かけたり、一緒にトイレに行ったり勉強したりなど、数え切れないほどの恩恵を受けることができます。女性の友達グループは、女性の生活に喜びと希望、親密さと日々の楽しみを与えます。

女性の場合、学校生活だけではなく職場においても、人間関係の問題が悩みの中心を占めています。職場で女性グループのボスに嫌われて仲間はずれにされると、女性は大変仕事がしにくいのです。逆に、仕事場で女性のグループに入れると、とても仕事しやすくなります。

この点については、子育てでも一緒です。新婚時代の近所の妻たちのグループに始まり、妊娠時の母親教室のグループ、誕生してからの近くの公園での母親グループ、学校・園に子どもが通い始めてからのPTAでの母親グループ、このような子育ての母親グループに適応できるかどうかが子育てにおけるストレスマネジメントの最重要課題と言うことができるでしょう。

☘母親グループのメリット

子育ての母親グループに居場所ができることの利点は以下のとおりです。

まず第一に、母親グループの中で気の合う母親たちと思い切りおしゃべりし、ストレス発散することができます。関係性を重視する女性にとって、おしゃべりとは最大のストレス発散です。身の回りのこと、子育てのこと、買い物、食事、住まい、テレビ、趣味の話、ダイエット、近所の噂話、夫婦生活、嫁姑問題、若い頃の話、いろいろな話題でおしゃべりに花を咲かせ、話し終ったあとすっきりとした気分になります。

第二に、子育ての悩みを相談できます。母親グループには、同じ年頃の子どもが初めての子どもの母親もいれば、四人目の母親もいます。子どもが言うことを聞かない、躾がうまくいかない、子どもが赤ちゃん返りをしたなど母親の悩みをみんなで聴いてくれ、気持ちをわかってくれたり、とてもいいアドバイスをもらえたりします。小さい子どもを抱える母親の悩みには、しっかりと耳を傾けて聴いてもらえれば済んでしまうくらい小さいものもあります。話を聴いてもらい、自分の置かれた立場や母親のつらい気持ちをわかってもらうと、それだけですっきりすることも多いのです。これは、ストレスに対して情緒的サポートを母親に与えてくれます。

母親グループに参加していない母親は、自分の子どもの問題が自分だけの悩みで、こんな悩みは他の家ではないだろうという思いをずっと持ち続けたりします。核家族化した現代の母親は、母親ひとりの腕に子育ての負担がのしかかり、だれもが自分が母親であることに明確な自信を持たないままに子育てをしています。その自信のなさが、子育てに必要な最低限の安定と安心を脅かすようになると、母親は子育てをする上で危機にさらされることになるのです。

第三に、母親グループの中で、病院やレストラン、買い物をする場所などの情報を得ることができます。実は現代社会における子育ては、この情報いかんで楽になったりもするし、しんどくなったりもします。現代社会では、情報サポートはとても大切なサポートだといえましょう。

子どもが病気になることは親にとって一番の心配事です。子どもが高熱を出したり、中耳炎になったり、アトピー性皮膚炎に苦しんだりした時に診てもらえる、近所のよい小児科、皮膚科、耳鼻科、救急病院、子どもをちゃんと扱ってくれる歯科などの情報を教えてもらうと、それだけでとても安心できます。アトピー性皮膚炎なら、無農薬食品のお店やレストランの情報も欠かせません。趣味の手芸店や書店、子ども服のお店、スポーツジム、ダンス教室などの情報、コンサートや自主映画上映の情報など、生活が光り輝くような情報も生きる楽しみを母親に与えます。

第四に、ちょっとの間なら子どもを預かってもらったり、荷物運びを手伝ってもらったり、料理作りを手伝ってもらったり、実際に手を貸してもらえるという道具的なサポートも得ることができます。子どもを預かってもらったり、時にはお泊まりさせたりするのは、子どもにとっても自分の家族以外の大人や子どもの様子を見ることができて、とてもいい体験になります。

地域がまだ生きていた昔なら、自然に子どもを預かるという行為も見られました。地域全体で子どもを育てるという意識があったのです。今では他人のプライバシーを尊重するという傾向が強くて、そのような意識が持てません。それぞれの家庭が、自分の子どもの安全や幸せばかりを考えてしまう傾向があります。人の子どもを自分の子どもと一緒に見ることで、親もいろいろなことを学ぶことができます。もちろん信頼できない人に自分の子どもを預けるわけにはいきませんから、かなりの信頼関係にならないと無理だとは思います。

このように、子育ての母親グループに参加しそこに居場所を見つけることで、母親は数多くの恩恵を受けるのです。

♣グループに参加しない母親

ところが、いろいろな理由でこのような子育ての母親グループの恩恵を受けられない母親も、かなりいます。

まず、自分からそのような女性のグループに参加することに抵抗を感じて、拒否する母親がいます。女性のグループの凝集性は、仲間になった人にはとても心地よい関係をもたらしますが、他方では仲間はずれや無視・シカトの発信源にもなります。女性に比較的多いそのようなグループに対して小学生の頃から抵抗を感じ、そのようなグループとは距離を置くようにしてきた女性は、母親になっても子育ての母親グループに同種の抵抗感を感じ、距離を置くようになるのです。このような女性は〝一匹狼〟タイプと呼ばれ、どんなグループとも同じように仲良くする分け隔てないタイプと、どのグループとも付き合わない孤高のタイプがいます。

対人関係が苦手で、子育ての母親グループに入れない母親もいます。以前には参加していたのに、グループのボスに嫌われて仲間はずれにされたり、いろんなイベントにも声がかからなくなったりすることもあります。もともと苦手意識が強くて、そのようなグループに近づいていけない場合もあるでしょう。また、仕事や他の活動に忙しくて、そのようなグループから足が遠のいてしまい、グループに戻りたくても戻るきっかけを失ってしまっている場合もあるでしょう。

どんな理由にせよ、子育ての母親グループに参加しないと、子育てをひとりでしている孤独に苛まされたりする危険があります。

第5節　教師や専門家によるサポート

夫、両親、子育ての母親グループなどのサポートを得られない時に、とても大切になってくるのが教師や心理教育などの専門家です。

☘孤立無援の保護者へ向けた教師の援助

教師が支えになるためには、日頃の保護者とのかかわりに気をつける必要があります。夫や両親、子育ての母親グループのサポートを受けていない保護者、主に母親は、サポートを受けていないがゆえに消耗していたり、不安げな様子だったり、ちょっとした教師の言葉に傷つきやすかったり、日頃のストレスから来るイライラで教師に対してとげとげしかったりします。すると、そのような母親の様子を見た教師が、母親を否定的に評価してしまう危険性があるからです。

教師が、保護者にどうしても好感が持てないと、保護者も教師の視線を冷たく感じたり、自分を非難し

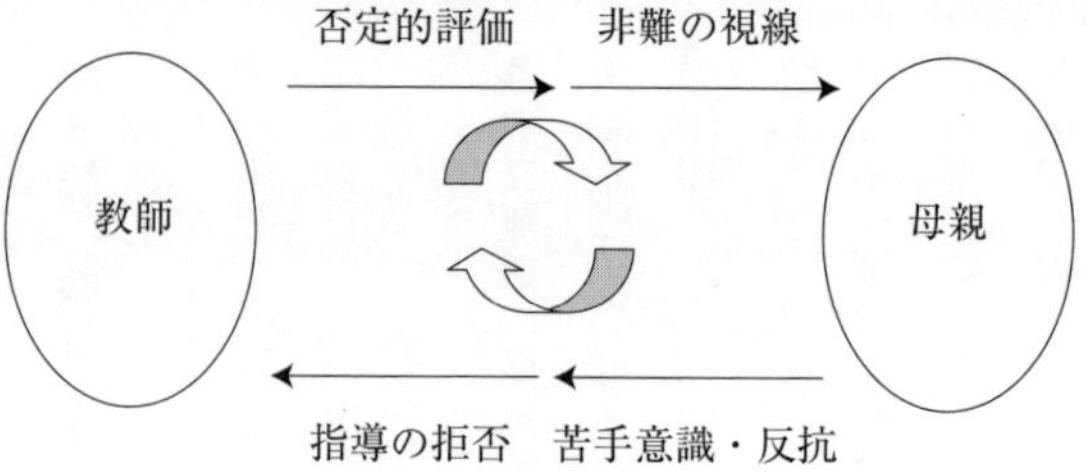

図7－2　教師と保護者の悪循環の構図

ているように感じ、子どもの問題を自分の育て方のせいにされているように思い、教師に心を開く気持ちにはなれないのです。すると、教師はますます保護者を非協力的な親だと評価するでしょう。このような悪循環が起こると、教師と保護者との関係は平行線を辿るか悪化するしかありません（図7－2）。

この悪循環から抜け出すために、教師に何ができるかが問われます。保護者は専門家ではありません。その責任は、教師の力量と保護者への態度にかかっています。教師が保護者のサポートをきちんと評価して、不十分なサポートしか得られていない保護者に対しては、そのような孤立無援の中で必死に自分なりに問題に当たっている保護者の努力と苦労を理解することで、保護者への否定的な評価からいくぶん解放されることがまず大事です。

人はそれぞれの環境の中で生きています。また、それぞれが経験してきた生育歴の中でしか自分を生かすことができません。自分の得てきたものを、与えられた環境の中で発揮しているのです。その意味では、すべての保護者は精一杯自分の持っている能力を発揮しているといえましょう。その上で環境を調節して整え、生育歴を振り返って自分の限界と能力を正しく理解し、それを子育てに生かすという両面がとても大切なのです。そのための援助を、教師が果たせればいいのではないでしょうか。

具体的に保護者とどのように連携していけばよいのかについては、第2章と第8章で詳しく考察しています。本節では、保護者を取り巻くサポート環境の把握とその調節で、かなりの部分教師が保護者を理解し受け入れ支えられることを指摘するに留めます。ちょっとした心がけで、保護者が夫や両親、子育ての母親グループのサポートを得られるのなら、その仕方を具体的にアドバイスしてもよいでしょう。もし、そのどれもが利用できる資源でないと思われたら、できるだけ速やかに保護者に対して専門的な機関を紹介し、つなぐことが最も重要でしょう。

♣専門家へつなぐ時の問題点

そこで、どのように専門家につなぐかという問題があります。教師は、保護者にサポートがないことがわかると、専門家のサポート援助があったほうがいいと思います。しかし保護者に、専門家に会うことを勧めると、保護者がそれを歓迎しないことが多いのです。教師から見ると母親も父親も大変悩んでいて不安げで、どうしたらよいのか決めあぐねているように見えるのに、カウンセリングや教育相談室に行くことに対して、快く「うん」とは言ってくれません。それにはいろいろな理由が考えられます。

まず、なぜ自分だけが教育相談を受けなければならないのか、他では教育相談に通っている家庭はあまり聞かないのに、なぜ自分だけが通わなければならないのかという、親としての漠然とした挫折感や敗北感があります。他の家庭や世間と比較しているわけではないのですが、それでもどことなく、なぜうちだけがめったに人が行かない教育相談やカウンセリングを受けなければならないのか、という疑問を捨てきれないのです。

次に、自分の子どもが専門家にかかるほどひどくないと思いたいという保護者の気持ちです。子どもに問題があるらしいことは受け入れられても、相談機関にかからなければならないほど状態が悪いとは思いたくないのです。母親も父親も、体の病気ならすぐにでも病院に連れて行きますが、心の問題については、自分の子どもがそれを抱えていると認めたくない気持ちがあります。心の問題は目に見えないので、それがあるのかどうかさえ親には判断しにくいのです。親の気持ちの持ちようで、あるようにも見えたり、まったくないようにも見えます。そもそもカウンセリングや教育相談に通うのは、まず心の問題があるかどうかについて評価してもらうために行くはずなのですが、保護者は、目に見える問題がないと教育相談室のカウンセラーに会えないと思ってしまうのです。いずれにせよ、自分の大切な子どもが、心の専門家にかかるほど問題を抱えていると思いたくない気持ちはどんな親も持っていると思います。

カウンセラーや教育相談員に対する漠然とした不信感もあるでしょう。具体的に教育相談員に何をされるのかわからないという不安感と、自分が一方的に責められるだけではないかという不信感を感じています。カウンセラーや教育相談員が自分の味方になってくれるようには思えないのです。母親が以前に専門機関に相談して、一方的に責められたと感じて傷ついたトラウマを持っていることもあります。母親は、子育てに関して自分が責められることを最も恐れています。誰を責めるのでもなく、一緒に問題の解決に向けて努力してくれる人、「大丈夫ですよ」を根拠付きで言ってくれる人を求めているのです。

また、教育相談を受けることについて、保護者はどうしても子どもの汚点、保護者の汚点というマイナスのイメージでとらえがちです。自分の中で、うちの子どもは教育相談を受けなければならない子ども、自分は教育相談を受けなければならない親といったマイナスのレッテルを自分で貼ってしまい、自分の心の中で受け入れられない部分もあります。

なかには、気持ちとしてはカウンセラーに相談したいのだけど、実際にどういう人で自分がその人に何をされるのかが心配で足が踏み出せない、相性が合わなかったらと思うと思い切って申し込めないと躊躇している場合もあります。教師へのある程度の信頼関係がない場合は、その教師に専門家を紹介されることで、教師が責任回避しているように思われ抵抗が起こることもあるでしょう。

このように、保護者である両親、とくに母親は教育相談を受けることに対して、とても敏感で傷つきやすくなっているのです。そのような両親の思いを教師がしっかりと受け止めないと、なかなか教育相談の敷居を踏み越えられない場合があります。

♣保護者の誤解や抵抗を解いていく

保護者の教育相談への抵抗が強い場合、教師は専門機関を訪ねてくれない保護者にイライラしてしまい、専門機関のところに行くか行かないかという押し問答になりがちです。そうならないように気をつけながら、専門家にかかることに対する両親、とくに専門機関にかかることへの母親の不安や恐れ、抵抗し躊躇する気持ちに焦点を当てて話をじっくりと聴く必要があります。専門機関への相談は、本来的には自発的になされないと意味がありません。教師は、保護者の専門機関への抵抗の気持ちを十分思いやり、その保護者の気持ちの中にある、自分の問題を誰か専門的な知識のある人に相談してみたいという思いに気づかなくてはなりません。そのためには、教師自身が、保護者の信頼をある程度得られないと無理だということになります。

その一方で、保護者が相談機関に持つ一般的な誤解は解いたほうがいいでしょう。これは先生方にぜひお願いしたいところです。教師自身も本気で専門機関を紹介するためには、専門機関の教育相談員やカウンセラーを信頼できていないと、心から紹介できません。その意味で、教師と教育相談員の真の連携が必要となってくるのです。カウンセラーも一人ひとり個性を持っていますし、教育相談室もひとつひとつ個性があります。教師としても一度会って話してみたり、ひとつの事例で深く連携してみないと、教育相談員やカウンセラーを信用して保護者に紹介できないでしょう。心から信用している専門家に紹介することが成功の秘訣です。

そのような前提を踏まえて、専門相談機関に対する一般的な誤解を解いていきます。「ホームドクターには体のちょっとしたことでも診てもらいにいくでしょう。これからの時代は、相性の合う自分のホームカウンセラーを持って、ちょっとしたことでも相談できるようにしておくと安心みたいですよ。まず問題があるかどうかを聞いてみるくらいの軽い気持ちで相談を受けてみたら？　いやならすぐやめて、別の相談機関を探せばいいんだから」と保護者に伝えてみてもいいでしょう。

保護者に専門機関を紹介する時に留意する点をまとめてみましょう。

①まず保護者が子どもの理解や子育ての悩みを教師に話してくれるだけの教師への信頼感を作ることが大切。

保護者が教師に「どうしたらいいのでしょうか？」と心から尋ねてきた時にタイミングよく情報として相談機関を紹介すれば、保護者もその紹介を受け入れやすい。逆に、その信頼関係がないうちに専門機関を紹介すると、保護者は、教師に自分の子どもを低く評価されているのではないか、自分の子どもを問題児だと決めつけられているのではないか、保護者のことを親失格だと感じているのではないか、教師が責任回避をして専門機関に自分たちを捨てるのではないかと感じる可能性が高くなる。とくに、教師が子どもや保護者のことを手に負えないと感じて、そのまま専門機関を紹介すると、保護者は自分や子どもが否定されたと受け取りやすい。

②教師が専門機関を紹介した時に、保護者がその勧めをどう受け取ったのか、保護者の気持ちをしっか

りと理解し、受け止めること。

保護者にとって、専門家を勧められるということは望ましいことではないことを十二分に理解しながら紹介することが大切である。その意味で、「専門機関に行ったほうがいい」と勧めないで、「専門機関に行くことをどう思いますか？」と尋ねて、勧めずに意見を求めるだけのほうがいい場合があるだろう。また紹介する前に、「この問題で、誰かに相談したことがありますか？」と聞いてみて、まず今保護者が抱えているように見える問題を、保護者が過去、人に相談しているかどうかを尋ねてみることも有意義である。そのように聞くことで、保護者が現在の問題を、重要なことと見ていない可能性とか、勇気を持って問題に向き合うことに躊躇してきた過去とか、誰にも相談できない背景などを知ることができるかもしれない。そもそも他人や専門機関に相談することに対して、相当な抵抗があるのかもしれない。

意外に多いのが、せっかく勇気を振り絞って専門機関に相談した結果、とても傷ついた過去を抱えている場合である。その場合は以前の相談体験の悪さから、相談機関なんて専門家面した相談員にいやな体験をさせられるだけだと思い込んでいることもある。専門家に与えられた傷をまず十分理解し共感できないと、専門家への幻滅から回復し再び専門家に相談しようと思う気持ちを育てることはできない。また他人や専門機関に相談することで、自分の抱えている問題を直視しなければならなくなる不安があるかもしれない。体の病気もそうであるが、自分が病気であると認めるのは大変恐ろしいことなのである。相当の自覚症状がなければ、自分自身や自分の家族に問題があると認めたくないものである。一般的に保護者は、教師や看護婦、カウンセラーなどの援助職に、自分の家族に問題があると認めることに相当の抵抗があるものである。そのような抵抗する気持ちを十分聞きだし、理解し共感することで、保護者の専門機関への抵抗を弱めることができるかもしれない。

③専門機関への敷居を低くするためには、まず気安く相談を受ける気持ちになれるように、不安をとる意見を伝えること。

専門機関の担当の相談員がどんな人か不安でたまらないと感じている保護者には、「相談員とは相性のようなものがあるので、一度会い始めて自分の納得のいく相談ではないなと感じたら、相談員の交代を願い出たり、相談機関を変えて、自分と相性の合う相談員と出会えるように自分が品定めをするつもりでまずどこかに通ってみたらいかがですか」と言ってみるのもいいだろう。その際に、相談員をいたずらに変更していくよりも、ある程度相性のいい人となら腰を落ち着けて相談にのってもらうほうが望ましいこと、相談員に不満や疑問、不信感があるなら、その気持ちをまずその当の相談員にすべてぶつけてみることを、必ず伝えることが大切である。保護者からすると、相談内容の深刻さなどの理由で、どんな相性の合う相談員に対しても気持ちが伝わりにくいと一時的に感じたり、相談が期待どおりでないことへの不満を感じたりするものである。

④教師自身が本心で信頼できる相談員やカウンセラーを探し、紹介すること。

専門機関を紹介したことはよかったが、相談機関で保護者が不快な思いを経験しすぎると、教師は保護者の信頼を失いかねない。その意味で、紹介する専門機関は、できるだけ自分も信じることができる相談機関であることが望ましい。その相談機関が保護者に対してどのような援助をしてくれるところか、経験から想定できる部分を考えてみてもいいだろう。

⑤専門機関に紹介したからといって、すっかり責任を預けて安心してしまわず、専門機関と教師とで役

割分担をして保護者や子どもとかかわり続けること。

保護者が専門機関にかかるかどうかにかかわらず、子どもと保護者に対してはその後も深くかかわっていく態度が重要である。そのために保護者が通う相談機関に自分自身も連携のためのコンサルテーションをして、相談員と横でつながりながら、連携して保護者を支えていくことも必要である。前述したように、保護者からすると、専門機関に紹介したから、もうそこに任せておけばよいという教師の態度を一番恐れてもいる。そうされたら一番腹の立つことでもある。専門機関に紹介したからと安心してしまわず、その後もその専門機関の相談員と連携を取りながら、保護者に対して深くかかわっていく態度が最も大切であろう。専門機関に、子どもの理解の仕方、してはいけないこと、してよいことなどを助言してもらい、自信を持って保護者や子どもとかかわり続けると、保護者や子どもも決して教師に捨てられたと感じないだろう。

以上のような点に配慮しながら専門機関を紹介すれば、たとえ専門機関に保護者が通わないという結果になったとしても、それ以後の教師への信頼を深め、教師自身が保護者である母親や父親にサポートを与えることができる人になっていけます。大事なことは、保護者を取り巻く〈子育てのサポートネットワーク〉全体がどの程度機能しているかを教師が把握することです。保護者へのサポートが、必要とされるより少ないなら、自分自身がサポート役になったり、保護者を取り巻く両親や兄弟、近所、専門機関に家族の相談を受けてもらい、サポートが増えるように調整することを目標として掲げましょう。

第8章 〈困った親〉の理解とつながり方

第1節 〈困った親〉がなぜ教師から見て努力不足に見えるのか

先生方の保護者との連携についての悩みに耳を傾けていると、教師から見て〈困った親〉と感じてしまう保護者がおり、その保護者は、教師の助言や指示にも従わず、親として良き方向に成長しようとする気持ちもないし努力もないように見えるというのです。

♣保護者がそばにいるように意識する

〈困った親〉という表現は穏やかではありません。保護者当人がその表現が自分に使われていると聞いたら、間違いなく怒りが込み上げてくるでしょう。そのような表現を使った教師を二度と信用しないでしょうし、最近の訴訟社会なら場合によっては侮辱だと裁判に訴えてもおかしくないほど聞こえの悪い表現です。

職員室での教師同士の保護者に関する話題の仕方は、保護者がそこにいたとしたらどのように感じるか心配になるような内容であることが少なくありません。保護者が実際は目の前にいない、聞かれる心配がないならどのように話してもよいという発想があるのかもしれません。しかし、他の先生に用事のある子どもが耳をそばだてているかもしれません。その保護者と知り合いの保護者が廊下でたまたま聞いてしまうことも、少ない可能性ですがあり得ます。

たとえ誰にも聞かれなかったとしても、保護者の陰口とも受け取れるような話し方をしてしまうということは、その保護者と連携を取る教師としては、ふさわしい態度とは言えません。第1章で述べたように、その保護者に好感を持てないことを証明しているからです。もちろん、現在のところ好感を持てないことは正直に、誠実に感じたほうがよいので、保護者への否定的な評価を話題にしてはいけないということではありません。そのような話をする時にも保護者がそばにいるように意識し、陰口とならないように気をつけるということです。その上で、好感を持てない現実をしっかりと認識して、どのように保護者とかかわったら好感を持てるようになるかを考えていけばよいのです。〈困った親〉とある親に感じたとしたら、その保護者とどのようにかかわっていけば、その保護者を〈困った親〉と感じないで済むのかを考えていけばよいのです。そうなるためには、保護者も変わり、教師も変わる必要があります。

♣問題意識としての〈困った親〉

本書では、この意味で〈困った親〉という表現を使います。すなわち、実際に困った親がいるという意味ではなく、ある時点で教師の目から見ると〈困った親〉と映る保護者とどのように連携をとっていけば、教師にとって〈困った親〉ではなく、〈好感の持てる親〉になるのかという問題意識の中でのみ意味を持つ表現です。

保護者面接の指導をする時に筆者が心がけていることは、あたかも横にクライエントである保護者がいるかのように感じながらセラピストを指導する、またセラピストの報告を、あたかも自分がそのクライエントであるかのように聞いて、保護者の立場でコメントや助言をすることです。それは保護者の顔色をうかがうことではなく、自分の中に浮かんでくる保護者の印象や考え、意見を、保護者が触れてどのように感じるのか、常に保護者の立場で感じてみるために必要なのです。学校の職員室でも、そのような態度を導入してもよいかもしれません。どんな発言も率直でかまわないが、それを保護者が聞いたらどう感じるのかということに、つねに敏感でいようという意味なのです。

教師から見ると〈困った親〉と称される保護者が問題となるのは事実なので、そこから考えていきましょう。教師と保護者との連携という視点から見ると、教師がある保護者を〈困った親〉と見る事態を打開する策が必要です。保護者の立場に立ち保護者に共感してみると、自分の担任に〈困った親〉と見られていたら、そのような教師と連携する気にはならないのは理解できるでしょう。しかし一方で、教師の立場から見ると、ある保護者を〈困った親〉と見なしてしまう理由があります。

第2節　教師から見た〈困った親〉の諸相

では、どのような保護者が教師の目に〈困った親〉と映るのでしょうか。

♣躾ができない親

第一に、教師の目から見て子どもを適切に躾けたり育てていないように見える保護者が挙げられるでしょう。挨拶ができない子ども、椅子にじっと座っていられない子ども、朝食を食べてこない子ども、夜更かしをして朝から眠そうにしている子ども、言葉遣いが悪い子ども、忘れ物が多い子ども、片づけができない子ども、このような子どもに出会うと、保護者が家庭教育の中で躾けるべきことを怠っていることが原因だと感じます。極端な場合には、保護者が子どもに暴力を振るったり虐待しているのではないかと疑われる事例や、いわゆるネグレクトタイプの虐待、子どもの世話をほとんどせずほったらかし状態に見える保護者の事例もあります。そして子どもがかわいそうに思えて、保護者に適切に世話をして躾をしてくれるように助言をします。

担任をしている間に教師から見て改善が見られれば、〈困った親〉のまま留まることはありません。適切な世話と躾をせず、助言に従わないで改善が見られない場合に、〈困った親〉と見なされるのです。教師から見ると、子どもを大切に思うならきちんと世話をして躾けるのは当然に思えるのに、いくら指摘しても改善が見られないことにいらいらさせられます。なぜきちんと子育てをしないのだろうと教師が困り果ててしまい、その原因は目の前にいる保護者だと感じて、〈困った親〉だと認識するのです。

☘過敏に反応する親

第二に、自分の子どものことに過敏に反応し、自分の子どもが少しでも身や心が傷ついたりすることに耐えられず、教師から見ると些細なことを大きくとらえて苦情を言ってくる保護者も、教師からすると〈困った親〉に見えるようです。子どもがちょっとしんどそうにしていたけど、子どもの気持ちを汲みながら励ましつつ体育の授業を受けさせて、がんばったねと誉めてあげ甘えを乗り越えさせようとしたのに、放課後に保護者から「しんどいと子どもが言ってるのに、なぜ無理して体育を受けさせるんだ！」と苦情の電話が入ります。忘れ物をしたので、朝や放課後に取りに帰らせようとすると、「忘れ物くらいいいのでは？」「今日は塾があるから明日でいいんじゃないんですか？」と親が教師の指導より、子どもの怠け心や甘えの気持ちに調子を合わせているように思えます。

教師が子どもの問題点を保護者に伝えようとしても、「うちの子に限ってそんなことはありえません！」とかたくなに主張し、最後には、「たとえそうだとしても、学校でしかそうならないってことは、先生の指導の仕方に問題があるのではないですか」とこちらを攻撃してくるように思えます。〝外弁慶〟とでも表現できるような子どもが増えていますよね。家ではおとなしく従順でよい子で、学校ですぐいらいらして他の子どもに手や口を出して問題を起こす子どもです。保護者は学校が悪いから学校でそうなってしまうと主張し、教師から見ると、家で母親が怖いから従順にしているけど、学校に来ると硬さが取れてわがままに自由に振る舞って問題行動が起きていると主張したくなるのです。

小学校で多いのは、子ども同士の喧嘩に親が口を出してくるケースです。教師から見れば、クラスで起こる些細な喧嘩にしか見えない事件に対しても、保護者が、血相を変えて学校に怒鳴り込んでくることがあります。担任を飛び越えて、揉め事を起こした他児の保護者に直接苦情を言いに行き、PTA同士で喧嘩に発展してしまうケースも増えています。担任や学校側の対応いかんによっては、保護者が教師・学校不信となり、子どもを意図的に登校させないという事態にまで発展してしまうことも最近ではかなり増えています。

〈困った親〉扱いされることに保護者が怒り心頭に発すると、子どもを学校に任せる気持ちもなくなってしまうのです。教師も、あの保護者はどうしようもないと投げやりになってしまうので、関係改善もかなりむずかしくなります。その間に挟まれて苦しんでいる子どものことを考える余裕を、両者が失ってしまうこともよくあります。

♣無自覚な親

第三に、教師から見て、保護者があまり深く考えてないように見える、無反省にけろっとしているように見える場合です。教師が子どもの躾け方や教育について熱弁しても、「そうなんですか？」と、まるで馬耳東風という雰囲気です。教師に反発するなら何を考えているのかはわかるのですが、このタイプの保護者は、暖簾に腕押しのように手ごたえがなく、理解することがむずかしいと教師の目には映ります。存在感が希薄で、子育て観や躾の方針、自分なりのポリシーなども見えにくく、子どもにも流されやすく、言いなりにもなりやすいのがこのタイプです。

非行になりかかりの子どもに携帯電話を持たせたら、深夜に友達からの電話で外出したり、よい方向に進まないのはわかっているはずなのに、携帯電話を買い与え、教師がその点について指摘しても、「あら、携帯電話を買ってあげたら悪かったかしら」と、悪びれた様子もなく、のんびりとした雰囲気だったりします。教師は、あせっているのは自分ばかりと感じ、ますます事態に対していらいらしていくのです。幼稚園の場合でも、「お子さんの家での様子はどうですか？」と聞いても、「さあ、どうかしら？　普通にしてます」と、具体的な話はほとんど聞けず、躾の話や子育ての問題について話題にしようとしても、なかなか話になりにくい困難さがあります。〝給食費を払わない〟親も、このタイプでしょう。

♣不信感の塊の親

第四に、反教師、反学校を真っ向から主張してくる保護者です。何かというと、最近の教師は質が悪い、指導力がないと不平・不満を漏らし、現代における学校制度そのものが悪いという考えを持っているので、教師に対しては最初から反抗的で不信感の塊です。教師から見ると、まるで教師のあら捜しをするかのように、教師や学校制度の気に入らない具体的な証拠を見つけては、揚げ足を取り批判し、そこを変えるように強く要求してきます。

ところが一方で大変傷つきやすく、教師から子どもの問題点を指摘していくと、その内容を理解し受け止めようとせずに、「何でうちの子ばかりがこんなに言われなければならないのか」と、まるで人生を否定されたような気持ちになり、教師に対して拒否的になり、最後には口を利いてくれなくなります。教師から見ると、まるで世間や人生、運命を恨んでいるかのように感じるところもあります。

第3節 〈困った親〉とのつながり方

教師が保護者を〈困った親〉と見なしていると、教師が保護者に好感を持っていないのは確かです。

相手に好感を持てない場合は、好感を持てない部分をすぐ指摘せずに、相手の好感の持てる部分をプラスに評価して、相手の言い分を受け入れる。――《鉄則7》

この鉄則の内容はすでに第1章で触れていますが、ここで改めて鉄則として挙げておきます。教師が保護者に好感を持っている場合は、教師が保護者に対して本心からよかれと思うことをしたり、よかれと思うことを伝えることで教師－保護者関係は良好に進みます。教師が保護者に対して好感を持てない場合は、心で思っていることをそのまま伝えると関係の破綻につながります。「あんたに言われたくない！」という反発心を保護者に強めてしまい、内容を受け入れることをかえってむずかしくしてしまいます。保護者に対して好感の持てるところから関わり、保護者が「こう自分のことを理解してほしい」というところを理解しようと努め、できるだけ保護者の立場に立とうとすることが大切です。

♣教師－保護者関係が破綻している

教師から見て保護者が〈困った親〉に見えているということは、教師－保護者関係が破綻しかかっているか破綻していることを意味します。教師－保護者関係が破綻しているというのは、お互い自分の立場からしか問題を見ようとしないということです。言い分は真っ向から衝突していて、歩み寄れる余地がほとんど残されていない状態であることを意味します。

本当は、子どもに対して連携して、横並びになって子どもを見守り、手に手を取って教育に全力を尽くすべき教師と保護者が、向かい合い、目をむきつばをはいて、お互いの主張をぶつけ合い、傷つけ合っているのです。そのような戦いの関係を改善し、破綻した関係を修復するためにはどうしたらよいでしょうか。

保護者は自分の言い分を教師に理解してほしいのです。教師から養育をしていないように思われていることに傷つき、崩れ落ちそうになっているかもしれません。子どもを大切にしたいという想いを、教師に「過敏だ」と決めつけられて腹を立てているのかもしれません。教師がたくさんのことを自分に押し付けてくるように感じて、途方に暮れて立ち尽くしているのかもしれません。これまで教師の言葉に傷つき、学校や世間に対する不信感で一杯な気持ちをわかってもらえず、ますます人間不信が深まっているのかもしれません。その自分の気持ちや想いを、教師が受け入れ理解してくれることを願っているのです。

ところが教師も、自分の言い分が通らず、保護者に拒絶され、理解してもらえないことに疲れ切っています。教師は、養育をしていないように見える保護者に育てられた子どもに想いを寄せると、心が痛みます。自分の助言のとおりに養育をしようとしない保護者に対して、なぜ保護者として当然の義務を果たそうとしないのかと、憤りすら感じています。教師から見ると、子どもに過敏な親は、子どもを大切にしているのではなくて、子どもに対して単に過保護なだけのように思えるのです。躾には、子どもの甘えの気持ちにほだされすぎず流されない、ある程度の厳しさと冷たさが必要であると教師は考えます。そのような視点から見ると、子どもに過敏な保護者は、子どもを甘やかしているだけのように思えます。

また、教師が当然と思うことにぴんと来ない保護者に対しては、宇宙人を見るような気持ちになってしまうのです。自分が常識と思っていることがある保護者には通じないという事実に、愕然としてしまうのです。ましてや、こちらの努力をすべて否定して教師批判、学校批判をしてくる保護者に対しては、そのような傾向にあるマスコミの影響を受けすぎている保護者だと思ってしまいます。

♣信頼関係の再構築

このような、教師と保護者との言い分の衝突をどのように解消して、信頼関係を作っていくのかが問題になります。

前節で取り上げた〈困った親〉の四タイプ、「養育をしていないように教師の目に映る親」「自分の子どもに過敏で教師から見て広い視野を持てない親」「教師から見て何も考えていないように見える親」「教師や学校嫌いな親」など、教師が保護者をそのように見てしまうのは、事象を教師側から見ているからです。

保護者から見れば、教師や世間が無理解な〝困った〞人に見えているのかもしれません。両者の見方がぶつかり合い衝突し合い、折り合いがつかず糸がもつれ絡み合っているのです。教師は、専門家として冷静になって状況を観察することが最初の一歩となります。

ここで大切なことは、教師の言い分も保護者の言い分も、どちらも大切に扱われるべきだということです。どちらも正しいと考えたほうが生産的でしょう。この両者のぶつかり合いを、まずどちらも正当と認めることから出発しなければ、本当の意味での連携は無理です。

今まではカウンセリングの領域から、教師がもっとカウンセリングマインドを用いて、保護者を受容し共感すべきという論調が強すぎました。教師から見ると、〈困った親〉を受容し共感することはほとんど不可能に思えます。保護者の養育の仕方に納得できなかったり、保護者をまったく理解できなかったり、保護者が自分に強く反発し取り付く島がなかったりすると、「あなたの気持ちがわかります」とはとても言えません。教師は保護者に感情を揺り動かされ、驚きあきれ返ったり、イライラして怒りを覚えたり、力のなさを味わったりしながら、保護者に反論し、正しい道に導いてあげたいと強く思うのです。そういう時にどうしたらいいかという方法を与えてくれるカウンセリングマインドの教科書は、なかなかありません。受容も共感も本音ではむずかしいし不可能だと感じる、かといって教師として伝えるべきことを伝えても、保護者の心に響かない、それどころか保護者からの強い反発を受けて、無力感に苛まれるというケースが多いのです。

だからこそ、ここで必要なのは、この局面を打開する方法はもとより、辛い教師の立場を理解し、慰め、励ましてくれる人の存在なのです。

第4節　教師自身が燃え尽きないために

今、教師は疲れています。これまでの指導が子どもや保護者に通じない。自分が今まで培ってきた教育観や子育て観、価値観、生活観、人として生きる道などが、保護者に理解されないことがますます多くなってきています。教師は、教科指導、校内分掌、学校行事などを、責任を持って遂行しなければならないだけでなく、子どもの問題行動、発達障害、喧嘩などの揉め事への対処、また保護者との連携に疲弊しています。多くの教師は責任感のあるまじめな方ですから、文句も言わずに多忙な毎日を淡々とこなしていきます。責任感を持ちまじめにがんばって問題に取り組んでいるのに、問題が解決するどころか、悪い方向に向かっているように見える。そのような事態になる時に、教師の精神衛生は危機にさらされます。マスコミなどで取り上げられる教育現場での事件や教育問題などで、教師や学校教育が批判されるたびに、胃や心臓を素手でぎゅっと摑まれたかのようにいたたまれなくなります。

♣押し寄せる〝無理難題〟

保護者からの、学校や教師への無理な要求に教師が苦しむ場合もあるでしょう。保護者も人間、教師も人間なのですから、どちらも完璧ではありません。小野田正利先生の研究（二〇〇六）がそれを物語っています。近年、教師からは〝無理難題〟に見える保護者からの要求が多数学校に寄せられ、教師が困り果て、心身ともに疲れ果て、最後は精神的な問題を抱え休職に追い込まれるケースが増えているというのです。

小野田先生の調査によれば、小学校では、「私学受験の勉強のため一カ月休ませてほしい」、学校からの給食費などの徴収金催促に「そんなにお金のことを言うならもう学校に行かせない」、校外学習中のすり傷を消毒し、学校に連れ帰ったら「なぜ医者に連れて行かなかったか」と苦情や要求が保護者から出されたりしています。中学校では、「(任意の)検定試験に合わせ学校行事の日程を変えてほしい」、教師の罷免要求の署名運動を自分の子どもを使い校内でさせる、校内でけがした生徒の通学用タクシー代を請求、「家で風呂に入らない。入るよう言ってほしい」、担任発表後「あの先生は気に入らない。変えてくれ」、授業中に読んでいたマンガを取り上げたら、「すぐに返してやれ」と来校など、対応に困っている教師の顔が目に浮かびます。もちろんそのような無理難題を要求してくる保護者は少数派ではあるのですが、日々忙しい中でのそのような要求への対応は、教師から見ると余分で不必要な努力のように思え、疲労が重なります。

しかし〝無理難題〟を要求してくる保護者の立場からすると、本人はもちろん〝無理難題〟を押し付けているという意識はなく、当然の要求をしていると思っているのですから、教師の乗り気ではない、あきれ返った辟易した態度を見て、ますます不愉快な思いをして、〝無理難題〟な要求にますますこだわっていくプロセスも容易に予測することはできるのです。

♣弱音を吐ける場の重要性

教師が疲れて心身ともにまいってしまい、子どもや保護者とかかわる元気がなくなってしまうことを避けねばなりません。いろんな問題を抱えながらも、元気に生き生きとした態度を失わずにいることが大切です。臨床心理学の領域では現代人に忍び寄る危険のひとつとして、燃え尽き症候群(burn-out syndrome）を挙げています。教師も燃え尽きてしまう危険性があるのです。その結果、実際にうつ病となり休職や退職に追い込まれる教師も十年前と比べて倍に増えていると言います。教師が燃え尽きてしまったら、子どもにとっても保護者にとってもよいことはありません。子どもにとって、いかに足らないところがある親とは言え、親が子育ての大変さに燃え尽きてしまい、元気をなくしたら、子どもにとっても親にとっても、また教師にとってもよくないのと同じです。

教師が問題をひとりで抱え込んでしまい、心身ともに疲弊し、学校に行くのが怖くなったり、保護者からの連絡に怯えるようになると、すでにその教師の心は半分燃え尽きています。そうなる前に、同僚の教師や、信頼できる上司、信頼できるスクールカウンセラーなどに相談できたらいいと思います。弱音を吐ける職員室の重要性も指摘されています。教師の弱点を指摘して教師を落ち込ませる職員室ではなく、教師が弱音や愚痴を自由に吐ける場、教師が癒され、励まされ、適切な助言をもらえる場、自分のしている努力を認めてくれる場、あなたはあなたなりにがんばっているからいつかその努力が実ると言ってくれる場が必要です。

燃え尽きる危険性のある人は、責任感があり、他者の期待に応えようと努力する傾向があり、周囲の目を気にする性格です。こういう人は、仕事を頼まれると断りにくいところがあり、引き受けたら完璧に仕上げたいと思ってしまう傾向がある、メランコリー親和型性格の人に多いと言います。この性格特徴は、教師に期待される性格特徴でもあるということに驚かされます。まじめに仕事に取り組んでいる教師ほど、燃え尽きる可能性があるということでしょう。校内分掌を複数引き受け、学校の中心的な役割をしている人ほど、突然うつ病になり休職に追い込まれることがあります。それは、まじめで仕事を断れず、完璧にこなそうと努力する人ほど燃え尽きやすいという傾向から説明がつくのです。

よく講演で話す笑い話なのですが、学校で責任感がありいろいろな役柄をこなし、なくてはならない人ほど休職して、いつも好き放題おしゃべりばかりしていて仕事に対しては何の責任感もない人ほど、休職せずに毎日元気に登校してくるということです。燃え尽きるほど自分を追い込むなと言葉で伝えても、責任感のある人ほど仕事の完成にこだわるので、自分の心身を犠牲にしているという意識なしに限界を超えてしまうのです。また責任感の強い人は、愚痴や弱音を吐くことも苦手なことが多いです。

子どもと会うのが楽しみだとか、保護者と連携を取ることに前向きだとか、そういう生き生きとした前向きな気持ちがあまりにも少なくなり、朝起きるとまた学校に行かなければならないと気が重くなるようになってきたら、たとえ学校に行けて、授業もクラス運営もできていたとしても、早めに同僚や信頼できる友達、スクールカウンセラーに話を聞いてもらいましょう。不眠や食欲不振などが伴うなら、心療内科への受診を考えてもいいと思います。うつは現代人にとって心の風邪ですから、早めの対処が病気を重くしないためのコツです。

第5節　保護者の立場から見る〈困った親〉

教師も保護者も、今自信を失いかけ、日々の仕事や家事に追われ、躾や子育てやクラス運営や保護者対策の負担感にあえぎ、疲労して生き生きとした生命に溢れた生き方を失いつつあります。そのような事態の中で、燃え尽きることを避け、いろいろな問題を抱えながら生き残り（survive）、子どもや保護者、教師や同僚の教師と生き生きとかかわる元気を取り戻すというのが本書の目標です。

♣受容され共感される体験を出発点に

巷にあるカウンセリングマインドの本は、教師に保護者への受容や共感を求めるだけだったので、失敗してしまうことが多かったのです。カウンセリングマインドの研修会において、保護者を受容し共感することを教師に課する前に、教師が受容され共感されることの重要性を体験的にわかってもらう必要があります。教師が受容され共感される体験を持つことが出発点なのです。

保護者もまったく同じことが言えるのでしょう。母親は、仕事に家事に追い立てられ、子育てにも自信がなく、母親同士の人間関係に神経をすり減らし、夫への信頼の糸も切れかけ、夫に何かを期待する気持ちも薄れ、姑や実母には子育てや家事にあれこれと口出しをされて毎日いやな思いをし、子どもの躾もうまくいかず、子どもが自分の言うことを聞いてくれずに毎日イライラと過ごしているのです。父親は、仕事もうまくいかなかったり、会社や仕事場の人間関係に神経もすり減り、家庭では妻にもっと家庭のことに目を向けてほしいと要求され、家も自分の居場所じゃないと感じて、帰宅拒否症候群の人の気持ちがよくわかるという事態にまで至っていることも少なくありません。

『子どもよりも親が怖い』の著者の諸富祥彦先生（教育臨床学）は学校や教師の社会的地位の低下を挙げたうえで、親の変化を指摘しています。今の保護者の世代は上の世代と比べて、自分の子どものことしか考えない傾向が強いそうです。また、親自身、批判されることに慣れておらず、傷つきやすいのです。教師から子どものマイナス点を指摘されると深く傷つき、逆ギレしてムキになって教師の落ち度に固執してしまう、傷つきやすい保護者が少なからずいます。

〈困った親〉の概念を保護者の立場から見てみましょう。

〝養育をしていないように教師の目に映る親〟は、なんらかの事情で養育をできない理由があるかもしれませんし、そもそも親自身が自分の親にちゃんとした養育を受けていなかった可能性もあります。自分自身が子ども時代に養育されないで育った場合は、養育をしてもらったという体に染み付いた体験がないので、頭で養育をしなければならないとわかっていても、体がついていかない場合もあります。その場合、自分でもなぜできないのかわからず、教師にちゃんと養育をするようにと言われても、どうすることもできない自分を突きつけられたようで、とてもつらい思いをしているのかもしれません。

精神的にうつ状態などにある場合も養育は困難です。表向きうつ状態とわかるような、いかにも暗い表情をしていて何事にも無気力で手につかない病的な様子なら、教師も病院を勧めるかもしれませんが、表面上は明るく元気な様子なのに内面だけうつ状態の場合は、教師からは精神的な問題が見えにくくなります。うつの人は他者配慮をする人が多いので、ぎりぎりになるまで自分がうつだと人に悟られないようにしている場合も多いのです。

自分自身子どもを養育する自信がまったくなく、自尊心も低くて、本心では子育てを放棄したいと思っている保護者もいるかもしれません。ところが、そのような自信がなく心細い自分を教師の前で認めることは、なおさら自尊心の低下を招きかねません。愚痴や弱音を必死で隠して、教師に精一杯強がって見せているのかもしれません。

どの場合でも、教師がその保護者の欠点を指摘しなんとか適切に養育するように助言しても、保護者を追い詰めるだけです。最初の〝自分でも養育のむずかしさを感じながらそれでも頑張っている〟場合なら、教師に言われてもちゃんとできないので、辛くなってしまいます。その辛く苦しい思いを教師に反発心としてぶつけることもあるかもしれません。自分でもどうしようもない苦しみに、自分自身苦しんできているのですから。自分なりにはしているつもりなのに、その努力を認めてくれないと裏で教師に不満を持っているのかもしれません。怒りや憎しみすら抱いている場合もあります。

うつの場合なら、教師の指摘はますます保護者のうつを強める結果にしかならないでしょう。うつなので、もともと自分ができていないという自己嫌悪と罪悪感に苦しめられてきているのですから、教師がさらにできていない事実をつきつけると、自己嫌悪の感情を強めることになってしまいます。〝本当は養育を放棄したいと思っている〟場合は、養育の仕方を助言しても、放棄したいという本音を信頼していない教師に告白できるはずもなく、教師の助言を頑なに無視し続けるでしょう。

〝自分の子どもに過敏で教師から見て広い視野を持てない親〟の場合、保護者自身子どものことがとても心配なのです。子どもが少しでも傷ついたり、ショックを受けたりしたら、とても不安で辛くなってしまいます。その理由はいろいろ考えられます。もともと自分が過敏な親に育てられた可能性があるでしょう。すると子どもから見れば祖父母も過敏なのですから、過敏な保護者がたくさんいることになります。強迫傾向といって、子どもに何か恐ろしいことが起こるかもしれないという神経症的な不安が強い保護者の場合も、このような過敏な反応を起こしやすいのです。神経症的な不安とは、まさに理由なき不安ですから、教師からは、なぜこんな些細なことに不安になり教師や他の保護者に訴えかけてくるんだろうと不審に思い、なんとか保護者を説得しようとします。しかし、背景は非合理的で神経症的な不安なので、保護者からすると、なぜ教師はこの不安に理解を示さないのか、逆に理解できないのです。

最初から担任に対して不信感が強い場合にも、子どものことに過敏に反応してしまいます。子どもが担任にどういう目に合わされているのかわからないので、不安で不安で仕方ありません。また、最初に担任に不安や不満を訴えた時に、教師の対応に不信感を抱いた場合も、どんどん自分の子どものことに不安が高まっていくこともあります。〝子どものことに過敏で自分のことさえよければいいと思っている困った親〟扱いされていると悟ってしまったら、なおさら教師に対する不信感は強まるでしょう。

〝教師から見て何も考えていないように見える親〟

の場合は、実際教師に見せないところでどの程度考えているかによって、いろいろなタイプがいます。いろいろ考えているのに、それを教師に伝えないばかりか、悟られないようにしている場合、教師にばかりでなく、対人関係全般で自分を人に見せない人の可能性があります。そのようなタイプの人は、本心や本音で人とかかわることにかなりの恐怖心を感じています。根深い人間不信が底にあるのかもしれません。表面上は平静を装っていますが、なかなか人に心を許し、心を開くことができません。これが全般的な対人関係の特徴ではなくて、教師に対してとくに心を開けないということなら、どこかで何気ない教師の一言に深く傷ついて、心を開かなくなったのかもしれません。あるいは、今の担任に対してではなくて、以前の教師の言葉に深く傷ついて、それ以来教師に対しては心を開かないと強く決心したのかもしれません。

うつの人の場合も心があまり動かないので、それが教師には何も考えていないように見えることがあります。また知的にある程度低い人の場合も、コミュニケーションが伝わっているようで微妙なニュアンスが伝わっていなかったりして、話がずれてしまい、理解できないままやりすごす話題も出てきますから、教師から見ると何も考えていないように見える場合があります。いずれにせよ、〝何も考えていないようで、話が通じないので困った親〟と教師に見られて気持ちのよい親はいません。

〝教師や学校嫌いな親〟の場合は、いつの時点から教師や学校批判が始まったかが重要です。教師不信の根が深ければ、保護者本人が、子ども時代に教師に傷つけられたとか、教師に辛い気持ちをわかってもらえなかったなどの経験が不信の出発点かもしれません。教師不信が、自分の親から受け継いできた場合もあるでしょう。自分の親が、教師を馬鹿にしたり、学校で学ぶことなんかないと強弁するタイプだと、その親を見て育った自分も自然に教師不信が身についてしまいます。

なかでも一番多いのが、自分の子育ての途中で、子どもの先生に深く傷つけられて教師不信になっていった保護者の場合です。第2章ですでに述べたように、保護者の気持ちを一番深く傷つけるのが、教師や小児科医、カウンセラー、児童相談所の相談員、保育士、保健師などの専門家です。専門家の言葉の重みは他の人の言葉と違うので、専門家にマイナスの判断をされると、ショックで身動きがとれなくなり、人によればトラウマとしてずっと衝撃が残ってしまい、フラッシュバックに悩まされることもあるのです。

このように考えると、〈困った親〉と教師に評価される保護者たちほど、理解と支えを求めていることがわかります。〈困った親〉と外から見える保護者は、自分自身傷つき苦しみ悩み迷いながら生きてきた上に、〈困った親〉と周囲から見られることによる二次的な苦しみにもさらされ、必死で生きている人たちだと言うことができるかもしれません。

第6節 〈困った親〉を励ます存在になる

〈困った親〉と称される人ほど、「あなたにもいろいろ欠点はあるけど、自分なりにがんばって生きているよ」と温かく誉めて励ましてくれる存在が必要なのだと思います。

『〝困った親〟への対応』をまとめた嶋﨑政男先生は、今の保護者たちは、「地域で孤立し、悩みを打ち明けられない。子どもとの距離は少子化で短くなり、子どもの問題をわがことと重ねがちだ」と述べています。核家族であれ、三世代家族であれ、現代の保護者は地域での孤立感と、悩みをなかなか誰にも打ち明けられない苦しみにあえいでいるのではないのでしょうか（表8－1）。

〈困った親〉と見なされない保護者、教師が好感を持ちやすい保護者ほど、いろいろな周囲の人に共感してもらいやすく、いろいろな支えを得ることができます。ところが、教師に〈困った親〉と見なされやすい保護者ほど、他の保護者や親族からも〈困った親〉と見なされ好感を持たれないことが多く、地域で孤立していたり相談できる人がいなかったりするので、実は支えてくれる人の必要性が多いのです。この矛盾をしっかり理解することが大切です。

表8－1　〈困った親〉ほど周囲の人に共感されにくいが支えを必要としている

“困った親”度		共感されやすさ		支えの必要度
大	>	小	<	大
小	<	大	>	小

♣教育実習生への教示

筆者の生徒指導論の授業で、学生が教育実習に行くことになると、必ず実習前に伝えておくことがあります。それは次のようなことです。

【教示】　みなさんが教育実習で学校に行くと、必ず初日からみなさんに群がりみなさんを取り囲み、おしゃべりをしてくる子どもたちがいます。実はその子どもたちは、自分からいろんな人に積極的に近づいていける子どもたちだからこそ、実際はあなたたちを切実に必要としている人たちではありません。あなたたちの存在を本当に必要としているのは、あなたたちに近づきたくても近づけない子どもたち、あるいはみなさんが存在していないかのように振る舞っている子どもたちなのです。教育実習中にぜひしてほしいことは、毎日欠かさず、そのような子どもたちに挨拶を元気よくしなさい。返事が返ってこなくてもいいのです。毎日簡単に答えることのできる質問をしてあげてください。食べるものでは何が好きか、どんなテレビ番組を観ているのか、どんな漫画が好きか、好きな動物は何か、旅行にいくとしたらどこに行きたいかなど、たとえ子どもが返答できなくても、自分の好きなものを言ったりして毎日そういう子どもに声をかけつづけなさい。

このような指示を出しておくと、だいたい一割くらいの学生は、とても意外で素敵な経験をしてきます。最初は挨拶を無視したり、質問に答えるのを拒否していた子どもが、だんだん答えてくれるようになるのです。次のような奇跡的な経験をする学生も毎年ひとりくらいいます。

先生に言われたとおり、そういう子どもに毎日挨拶をして簡単に答えられる質問をし続けました。そのような子どもの中で、ひとりだけ最後まで挨拶に一度も答えなかったし、質問をしてもずっと顔をそむけ続けた子どもがいました。とても残念だなと思っていました。でも先生に言われたとおり最終日まで、声をかけ続けました。実習の最終日、みんなで送別会をしてくれて、いよいよクラスともお別れだという瞬間に、その子どもが下を向きながらとことこと私に近づいてきて、こっそりと手紙を私の手に握らせたのです。さっと走り去っていったその子の背を見ながら、その手紙を開いてみると、次のような内容が書いてありました。『先生、私のクラスに来てくれて私は最高にラッキーです。

先生がいてくれて本当に嬉しかった。先生、絶対テストに合格して先生になって、またこの学校に戻ってきてください』。この手紙を読んで、その子の裏の気持ちを知ることができてとても感動しました。

この話は、子どもの教育の参考になる話ですが、保護者にもあてはまります。大人である保護者にもいろいろな人がいます。引っ込み思案で、言葉足らずで表現下手、人間不信で、本音が外側からは見えにくい保護者もいるのです。そのような保護者は、そっと手が差し伸ばされるのを待っています。たとえ差し伸ばされても、その手を積極的に取ろうという思い切った行動にも出られない場合もあります。でもその差し伸ばされた手の気持ちは必ず相手に通じているのです。

第7節　保護者を支える覚悟を決めよう

〈困った親〉に対応する時、理不尽で理屈に合わない無理難題に対応しなければならないと感じて、消極的に対応しようとすると、精神的にしんどくなります。対応している自分が、まるで意味のないことに労力を払わされているような気分になってしまうからです。燃え尽きやすい状況は、自分のしたくない仕事を断れずにさせられていると感じるストレス状況なのです。

同僚や上司や相談機関に相談して、ひとりで抱え込まないようにすることも大切です。自分以外の先生にも面談をしてもらい、みんなで保護者を支える体制作りも重要です。スクールカウンセラーに保護者と面談してもらい、間に立ってもらうことが必要な場合もあるでしょう。場合によっては、対応を教頭や校長などに任せてしまうことを視野にいれてもよいのです。もちろんプライドは傷つきますし、逃げるのは後味が悪いでしょう。しかし、無理をして教師が燃え尽きてしまえば、保護者にとっても子どもにとってもよくありません。自分が生き生きとかかわり続けることのできる余裕の範囲内でしかがんばれないのを自覚することは、とても意味があります。逃げるが勝ちの場合もあるのです。勇気ある撤退をして、後方支援で活躍するのも大事な役割です。

しかし、自分の限界の範囲内で自分が保護者とかかわろうと決めたなら、覚悟を決めて、逃げ腰の態度をやめ、消極的に対応しようとせず、とことん付き合ってみようという生き生きとしたかかわり方に変えてみたらいいでしょう。

♣限界を知る／限界の中でとことんやってみる

教師として自分はまったく悪くないのに非難されて、納得もしていないし精神的にしんどいという思いもあるでしょう。保護者に無理難題を要求されているように感じ、そこまで教師がする必要がないのではないかと疑問に思いつつ、保護者の自分への非難の言葉、叱責の言葉、誹謗中傷の言葉を浴びて、徐々に心がつらくなってくることもあるでしょう。しかし、保護者が教師に考えや思いをぶつけてくるということは、まだ教師に期待しているということだと思います。教師の対応いかんによっては気持ちが治まることもあるかもしれません。たとえ気持ちは治まらなくても、気持ちをぶつけることができるということは、本音を教師に示すことができていることです。たとえ自分の担任の間は変化がまったく見られなくても、自分の努力は必ず将来保護者のためになるはずだという自信が出てくれれば、保護者に対して前向きになれます。

ある先生は、保護者が苦情を言いに学校を訪れる時は、あらかじめ三時間の面談を覚悟して、最初の半分は保護者の苦情を、言い訳せずにしっかりと受け止めて、あとの半分は雑談をして面談を終えるそうです。もちろん三時間の面談は疲れますが、覚悟して受け止めると、面談を受身的にいやいや受け入れさせられて、時間もずるずると三時間に延びてしまうよりも、精神的な負担は少ないということです。

自分の限界や枠を越えて受け止めてはいけません。必ず保護者への好感度は低下し、保護者との面談はますます地獄のような忌避すべきものになってしまいます。ストレスが自分の限界を越えれば、うつ状態になることすらあります。自分の限界についてよく見極め、同僚や上司に相談をしたり、保護者との話し合いの話題にしてもいいでしょう。

怒鳴り散らされたり、否定されたり、無理難題を要求され続けるというのは、人間にとって心身によい影響は及ぼしません。ですから、ストレス発散が必要になります。ハードな面接の後は、必ず同僚やスクールカウンセラーに話を聞いてもらい、保護者との面談の意義を話し合うとともに、保護者との面談で受けた衝撃を薄める対処が必要です。さらにプライベートでも、ストレス発散できるリラクセーション、リクリエーション、リフレッシュメントの三つのRをしっかり体験して、生き返り生き残り（survive）して、新たな気持ちで保護者を迎える準備をしましょう。

【事例8－1】　家庭訪問に拒否的な態度を示し続けた保護者

子どもが不登校になり、ちょっとしたことで保護者と担任との間で責任の押し付け合いになり、教師批判や学校批判が前面に出るようになった。学年が上がり、新しく担任になった教師が家庭訪問に行くと、保護者は、「こんな毎日のようにちょくちょく来られても困る。子どももそんなに変化はないし」と拒否的な態度を示した。担任は学校で他の先生とも相談して、保護者は拒否的だけど家庭訪問は続けようと、拒否されながらも家庭訪問をし続け、状況はあまり変化しないままに、次の学年に引き渡した。次の担任は、その学年で話し合いをして、拒否的な保護者に合わせて家庭訪問の回数を減らしてみた。ところがしばらくすると、保護者が夫婦同伴で校長に会わせろと怒鳴り込んできた。保護者の言い分は、「去年の担任はよく家庭訪問にも来てくれてがんばってくれたのに、今度の担任は訪問も少なくいいかげんじゃないのか？　担任を戻してくれ」というものだった。

前の年の担任は、自分の努力が報われなかったと感じていましたが、この話を聞いて、自分がつらい思いをしながらも一年間がんばってきた苦労が報われたと心から思いました。後でスクールカウンセラーも交えて話をした結果、「あまりちょくちょく来られても困る。子どもに変化があまりないし」という保護者の言葉は、自分の子どもが不登校になり、なかなか前向きな姿勢への変化が見られないことへのやましさと自己嫌悪の感情を訴えていたのであり、その気持ちに寄り添いつつ、「教師にそういう気遣いは無用です」と、はっきり保護者に伝えればよかったのではないかという意見が出されました。

♣限界を広げてくれる出会い

何が子どものためになるのか、どうしたら保護者のためになるのか、これは最初の段階ではわかりません。保護者の表面的な言葉に惑わされずに、子どもや保護者のためによかれと思うことを、しっかりと筋道を立てて伝えていくことが必要でしょう。そうする精神力を保つためにも、教師は燃え尽きないで生き残り、保護者や子どもに生き生きとかかわり続けることが大切です。〈困った親〉への対処に追い立てられ、保護者に好感を持てないまま、いやいや義務を果たすのではなく、自分のできることの限界を見定め、その枠の中ではこの保護者と付き合っていくという覚悟を決めましょう。決してあきらめず自分のできることを生き生きとし続けることが、最終的には安定した何事にもめげない、何があっても一本筋の通った対応のできる、何を言っても壊れない、信頼のできる教師というイメージを作るのです。

臨床心理学者の河合隼雄先生は、「自分が対処能力のぎりぎりのところで勝負させられるクライエントとの出会いが、自分の限界を少しずつではあるが広げてくれて、懐を深くさせてくれて、包容力を高めてくれるのだ」とよくおっしゃいました。「そのような対応に困難を感じるクライエントが自分のカウンセラーとしての能力を高めてくれるのだから、そういう出会いがないということは、自分のカウンセラーのあり方に逆に問題があるのではないかと反省してもよいのではないか」と言うのです。このように考えていれば、〈困った親〉と出会ったとしても、そのことを億劫に思ったり、なぜ自分のクラスにこんな保護者がいるんだろうと運命を恨んだりという消極的な姿勢ではなく、その〈困った親〉との出会いでやる気と根気が湧き出てくるような積極的な姿勢になれるので、とても大切な態度です。教師もこのような考え方のできる人が増えたらよいのではないでしょうか。

第8節　人として精一杯生きていることを認め合うために

日々の忙しさに埋もれて生活していると、ふと疲れを感じることがあります。自分が人として、女（男）として、妻（夫）として、母（父）として、日々失敗もするし、自分の欠点に気づき落ち込むこともよくあります。けれども、自分はまがりなりにもそれなりに生きている、少なくとも自分なりには精一杯生きていると自分では思いたいものです。また、周囲の人から「あなたは精一杯生きているよ」と認めてほしい、誉めてほしいと思います。ところがふと気づくと、近頃誰からも自分の人生の努力をねぎらってもらっていない、誉めてもらっていない、認めてもらっていないなと思うのです。誰かに自分の努力を誉めてほしい、少なくとも自分なりに精一杯生きているということを認めてほしい、それなのに誰も認めてはくれないと思うと、ふと淋しくなることがあります。

人間なのだから、長所も欠点もある、長所より欠点のほうが目立つことも多いけど、誰かが肩をぽんと叩き、「お前はいろいろ欠点もあるけど、自分なりにがんばっているよ、そのまま頑張り続ければ道も拓けるよ、俺はお前の味方だよ」と言ってくれたらどんなにか励まされることでしょう。とくに自分が取り返しのつかないような失敗をしたのではないかと思い込んでいる時は、そのような励ましが人を勇気づけます。

誰も誉めてくれない、認めてくれない時には、ひとりさみしく自分で自分を誉めて励ますのです。

♣教師も保護者もひとりの人間である

教師も心身ともに疲れながら、毎日自分に鞭を打って頑張っているのが現状ではないでしょうか？　年間の行事の企画と実行、校内分掌、クラス運営、保護者会、試験問題の作成と採点、毎日が忙しく、あわただしく、余裕なく過ぎていきます。それだけでも忙しいのに、時には子どもの突然の怪我・喧嘩・病気、万引きなどの問題行動、登校拒否などがクラスで生じ、その対応に追われます。年間何万人もの教師が、多忙による過労、子どもや保護者や教師同士の人間関係のもつれによる心労などから、精神的な理由による休職に追い込まれています。教師の精神衛生について第4章で触れましたが、現代の教師は、日々仕事に追われ、自分を振り返る機会もなかなか十分に持つこともできずに、心身に鞭打ち、毎日を頑張っているのです。

教師も、教師である一方で、親にとっては息子・娘であり、配偶者にとっては夫・妻であり、子どもたちにとっては父親・母親です。すべての役割に満足のいく対応ができていることはむずかしいでしょう。学校では教師の義務と責任がのしかかり、家庭では夫・父親・妻・母親の仕事に追い立てられ、実家に対しては子としての義務と責任を重く感じ始める。そのような義務と責任の重みにつぶされそうになることもまれではありません。

学校や家庭では自分なりに前向きに頑張っている人が、自分の親に対して親孝行をしたい気持ちはあっても、行動に結びつかないこともあるでしょう。家族のことはなんとか頑張っているのに、教師としてクラス運営がうまくいかずに苦労していたり、職場の人間関係に疲れ切っている場合もあるでしょう。親孝行と教師としての役割は果たしているのに、夫・妻として、父親・母親として道に迷い、どうしたらよいのかわからず、自分の子どもが問題行動を起こして苦しんでいる場合もあるでしょう。趣味を持たずに生涯一教師として、仕事と家庭ばかりに時間を取られ、ひとりの人間としての自分を振り返る余裕もない教師もいるかもしれません。教師として、息子・娘として、夫・妻として、父親・母親として、日々頑張り、自分なりに精一杯それぞれの役割を生きているのに、なかなかうまくいかず自信を失うことも多いのです。自分の子どもが問題行動を起こしたり、不登校になったりすれば、ますます専門家としての自信を失い、親としての自信やプライドまでもずたずたに壊れかねないような危機の事態に陥ってしまいます。

保護者も同じような気持ちでいるのだと思います。どの保護者も自分なりには精一杯頑張っているのです。人として精一杯生きているのです。母親・父親としては落第だと悩んでいる人もいるでしょう。夫・

妻としての深い悩みに苦しんでいる人もいるでしょう。仕事の面で悩み苦しんでいる人もいるかもしれません。しかしどんな保護者も、人としては精一杯生きているのです。そういう精一杯生きている自分を「自分なりにあなたらしく頑張って生きているじゃない。上等上等！」と認めてくれる人がいなくて、辛く淋しい想いをしている保護者もいます。仕事の面では人付き合いが悪いと批判され、息子・娘としては親不孝と批判され、夫・妻としてはあれをしてくれない、これをしてくれないと不平不満をぶつけられ、父親・母親としては、躾ができない、叱り方が悪い、甘やかしすぎ、スキンシップが足りないなどと批判され、自分の努力を誉めてくれる人は誰もいないと、萎縮し、周囲に壁を作り、孤独に頑なに生きている人もいるのではないでしょうか。

♣関係を修復する優しさを

人は自分が必死で生きてきた努力を認めてほしいのです。今までの人生で辛いこともたくさんあった、許せないこともたくさんあった、自分ではどうしようもない苦しみも味わった、いろいろあったけど、自分は自分なりに切り抜けてきたな、耐え忍んできたな、生き延びてきたなという想いがあるのです。人生の荒波を生き延び、できる努力はしてきたなという自分の気持ちを認めてくれる人を求めているのです。

努力が結果として実った人は、努力を認めてもらう機会にも恵まれるでしょう。成績が伸びた、友達がたくさんできた、仕事が結実した、作品を評価された、躾がうまくいった、子どもがのびのびと育ったという人は、自分の努力を認めてもらう経験を持ち、自尊心を高めることができます。人は誉められたら元気がでます。努力が実ったばかりでなく、誉められ評価されることで自尊心も培うことができるのです。そうすればますます努力するでしょうし、その努力の結果がますます実る可能性も高まるでしょう。このように、努力が実る経験が努力を呼び、〈努力の良い循環〉が成立する場合もあります。
努力が目に見えて実を結ばなかった人は、まず落胆しがっかりし、辛さや悲しみが押し寄せ、劣等感が刺激され、自己嫌悪感すら感じる場合もあるでしょう。周囲の人々にも努力を認めてもらえず、淋しい思いをします。それればかりか、努力が足らなかったと叱責されたり、そもそも努力をしてなかったと誤解され、辛い思いをすることもあるかもしれません。努力をしてもできないことを責められると、とても辛いのです。

教師も保護者も、自分なりに精一杯がんばって生きているということを、誰かに認めてもらい、よいところは誉めてもらうことで、今までの努力が報われて、明日からまたがんばろうという気持ちになるのだと思います。

このような考え方は、決して教師や保護者を甘やかすということではありません。人として精一杯がんばって生きているということを認めるからと言って、その人の、教師としての欠点、保護者としての欠点、配偶者としての欠点、子どもとしての欠点から目を逸らし、見ないようにすることではないからです。教師も、今まで精一杯生きてきたことを認めてほしい、誉めてほしいからと言って、認めてもらえたことに甘えて、教師としてサボろう、親としてサボろうと考えているわけではありません。保護者の場合も同様に、欠点はしっかりと見据え、その欠点を直し、よき仕事人、よき親、よき夫・妻として役割を果たせるように日々成長していくのです。人として精一杯がんばって生きていることを認められたいというのは、それによって甘えたいということではなく、自分の生きている存在をしっかりと見つめ、自分の生き方を理解してくれる人を、みんな必要としているということなのです。

教師も保護者も、どちらも精一杯生きています。教師においても、教育力はばらばらです。保護者も、親としての能力や養育力についてはばらつきがあるのです。保護者を親としてのみ見るのではなく、母親（父親）として、妻（夫）として、女（男）として、そして仕事人として、あるいは人として、すべての側面でしっかりと認め、全人的にかかわった時に、教師は保護者を包容力で包み込めるのです。この人も精一杯生きているという意味では自分とまったく一緒だなと、心の底から保護者に対して、「いろいろ欠点もあるけど、あなたなりに本当にがんばっているのがわかります。あなたらしさを大事にして生きていくのが大切です」と伝えられるのです。お互いの欠点や弱点をひとつの個性として認め合う姿勢、お互い精一杯生きてきていると認め合う姿勢が、破綻した関係を修復する優しさを作り出すのです。

参考・引用文献

第1章

東山紘久（二〇〇三）『来談者中心療法』ミネルヴァ書房

第2章

Heider, F. (1958)（大橋正夫訳、一九七八）『対人関係の心理学』誠信書房

第3章

家本芳郎（二〇〇四）『〈教育力〉をみがく』寺子屋新書

稲塚葉子（一九九九）「出会い（ラポール）」澤田瑞也・吉田圭吾編『キーワードで学ぶカウンセリング―面接のツボ』世界思想社

大田区立志茂田中学校ＨＰ（二〇〇七）http://homepage3.nifty.com/shimoda-jhs/mokuhyou.htm

越谷市立大沢小学校ＨＰ（二〇〇七）http://school.city.koshigaya.saitama.jp/osawa-e/

パトリック・ケイスメント（松木邦裕訳、一九九一）『患者から学ぶ―ウィニコットとビオンの臨床応用』岩崎学術出版社

第4章

赤塚大樹・森谷寛之編（一九九三）『医療・看護系のための心理臨床実習―心理面接の技法と実際』培風館
荻原浩（二〇〇二）『神様からひと言』光文社
河合隼雄（一九七〇）『カウンセリングの実際問題』誠信書房
福島脩美（一九九七）『カウンセリング演習』金子書房
Friedman, M. & Rosenman, R. H. (1974)（新里里春訳、一九九三）『タイプA性格と心臓病』創元社
Winnicott, D. W. (1965)（牛島定信訳、一九七七）『情緒発達の精神分析理論』岩崎学術出版社

第5章

伊藤俊樹（二〇〇五）「「なぐり描き（Mess Painting）」法がパーソナリティに及ぼす心理的変化について」『神戸大学発達科学部紀要』一二(2)、一―八。
小野京子（二〇〇五）『表現アートセラピー入門―絵画・粘土・音楽・ドラマ・ダンスなどを通して』誠信書房
田嶌誠一（一九九八）「暴力を伴う重篤事例との「つきあい方」」『心理臨床学研究』一六(5)、四一七―四二八
吉田圭吾（一九九五）「人間関係の心理臨床」澤田瑞也編『人間関係の生涯発達』培風館
吉田圭吾（二〇〇三）「カウンセリングにおける出会いと別れ」播磨俊子・佐藤眞子・澤田瑞也編『カウンセリングを学ぶ人のために』世界思想社
Kanner, L. (1935)（黒丸正四郎・牧田清志訳、一九七四）『カナー児童精神医学』医学書院

第6章
志賀利一HP(一九八七) http://www009.upp.so-net.ne.jp/machito/othe/ot_scho.html
志賀利一(二〇〇〇)『発達障害児者の問題行動―その理解と対応マニュアル』エンパワメント研究所
服部美佳子(二〇〇五)「事例1 書字に著しい困難がありストレスによる身体的不調を訴えた児童」藤田和弘ほか編著『WISC―Ⅲアセスメント事例集―理論と実際』日本文化科学社
細川徹編(二〇〇三)『発達障害の子どもたち』中央法規
松坂清俊(二〇〇六)『発達障害のある子の発達支援』日本評論社

第7章
福井県丸岡町文化振興事業団(一九九四)『一筆啓上賞―日本一短い「母」への手紙』大巧社

第8章
小野田正利(二〇〇六)『悲鳴をあげる学校―親の〝イチャモン〟から〝結びあい〟へ』旬報社
嶋﨑政男(二〇〇五)『〝困った親〟への対応―こんなとき、どうする?』ほんの森出版
諸富祥彦(二〇〇二)『子どもよりも親が怖い―カウンセラーが聞いた教師の本音』青春出版社

あとがき

教師のための教育相談の技術について、文字にすることはむずかしいというのが本書を書き終えた感想です。連携や講演や指導なら相手の顔を見ながら、言葉がどの程度相手に伝わっているのかを確認しながら言葉を選んでいくことができます。ところが執筆の場合は、自分の言葉が読者にどのような気持ちを抱かせているのかがわからないままに、最後まで書き切らなければなりません。そのことに対する違和感をずっと抱きながら、勢いで最後まで書いてしまいました。自分にとってはフィードバックがとても大切だと再認識させられました。

思わぬ誤解を生んだり、読者を不快な気持ちにさせたりしているのではないかと、とても不安です。読まれた感想をできれば筆者にフィードバックしていただくと、今後の執筆の参考になると思いますので、ぜひご意見・ご感想をよろしくお願いいたします。

本書を書く前は、教師に向けた内容と、保護者に向けた内容を並存させて、教師と保護者との連携を、本書を通して作れないかと思っていました。しかし本書ではそこまでのものは書く余裕がありませんでした。教育において、子どもと保護者と教師と専門家の連携がもっとも大切ですし、それぞれが互いに信頼感を持つことで子育てのネットワークは堅固なものになると思います。

また機会があれば、保護者向けの子育て書も書いてみたいと思います。保護者が、悩みながらも、自信を持って子育てに当たれることが、今必要だと思います。子育てに対して、大変な事業であるというしっかりとした意識をもって当たることの重要性と、逆に力を抜いて子どもとかかわり、親としてのみならず、妻（夫）として、女（男）として、職業人として、趣味人として、そして《人》としてなど、自分を全体としてとらえその中で幸せを感じることの重要性の、両面のバランスが大切だと思います。近いうちにそのような内容の書物を執筆したいと思います。

今後ともご指導・ご鞭撻のほど、よろしくお願い申し上げます。

吉田圭吾

著者紹介

吉田圭吾（よしだ・けいご）

神戸大学大学院人間発達環境学研究科教授。臨床心理士。

1959年千葉県山武郡生まれ。1983年京都大学理学部卒業後，京都大学大学院教育学研究科で臨床心理学を専攻し，博士課程修了。大阪大学人間科学部助手，神戸大学発達科学部講師，助教授を経て，1999年4月より神戸大学大学院総合人間科学研究科助教授（2007年4月より現職に名称変更）。中学・高校の数学の教員免許をもつ。趣味は映画鑑賞とジャズピアノ演奏。

著書に，『人間関係と心理臨床』（編著，培風館），『キーワードで学ぶカウンセリング』（共編著，世界思想社），『教育相談』（編著，近畿大学豊岡短期大学部），『カウンセリングを学ぶ人のために』（共著，世界思想社），『シネマのなかの臨床心理学』（共著，有斐閣），『人間関係の生涯発達』（共著，培風館），『自己意識心理学への招待－人とその理論』（共著，有斐閣），『傷つけ傷つく青少年の心』（共著，北大路書房）など。

教師のための教育相談の技術

2007年4月27日　初版第1刷発行　〔検印省略〕
2021年7月30日　初版第14刷発行

著　者　吉田圭吾
発行者　金子紀子
発行所　株式会社　金子書房

〒112-0012　東京都文京区大塚3-3-7
TEL 03(3941)0111／FAX 03(3941)0163
ホームページ　https://www.kanekoshobo.co.jp
振替　00180-9-103376

印刷　藤原印刷株式会社　　製本　一色製本株式会社

ISBN978-4-7608-2333-8　C3037